从想法到落地

乡村振兴的品牌建设

以贵州村超为视角

姚月仙◎著

西南大学出版社
国家一级出版社 全国百佳图书出版单位

图书在版编目(CIP)数据

乡村振兴的品牌建设：以贵州村超为视角 / 姚月仙著. -- 重庆：西南大学出版社, 2025.5. -- ISBN 978-7-5697-2926-9

Ⅰ.F320.3

中国国家版本馆CIP数据核字第202517UT76号

乡村振兴的品牌建设：以贵州村超为视角
XIANGCUN ZHENXING DE PINPAI JIANSHE: YI GUIZHOU CUNCHAO WEI SHIJIAO

姚月仙　著

策划组稿	李　勇
责任编辑	曹园妹
责任校对	李　君
装帧设计	闰江文化
排　　版	杨建华
出版发行	西南大学出版社（原西南师范大学出版社）
	地址：重庆市北碚区天生路2号
	邮编：400715
	电话：023-68868624
印　　刷	重庆正文印务有限公司
成品尺寸	170 mm×240 mm
印　　张	11.75
字　　数	200千字
版　　次	2025年5月　第1版
印　　次	2025年5月　第1次印刷
书　　号	ISBN 978-7-5697-2926-9
定　　价	39.00元

序言
PREFACE

党的十九大报告作出"中国特色社会主义进入新时代"的重要论断,这是我国发展新的历史方位,也是我国当下新的时代背景。新时代,我国面临更为激烈的国际竞争,承受着科技、经济、文化等各方面更大的竞争压力。新的历史方位、新的时代背景是认识国际国内重大变化、制定公共政策、实施现代治理、实现强国梦的基本出发点,也是乡村振兴战略研究的现实基础。立足新发展阶段、贯彻新发展理念、构建新发展格局,为顺应世界发展局势、稳步建设中国特色社会主义现代化,党中央对全面推进乡村振兴作出重大部署。党的二十大报告指出,要加快建设农业强国,扎实推动乡村产业、人才、文化、生态、组织振兴。这是我国新时期全面推进乡村振兴发展的指路明灯,也是我国新阶段下全面实现现代化的重要举措。新发展阶段下,我国乡村振兴建设应以产业振兴为抓手,以人才振兴为关键,以组织振兴为纽带,以文化振兴为底蕴,以生态振兴为基础,徐徐揭开我国乡村振兴的蓝图大幕。

回溯历史,自2017年首次提出至今,我国乡村振兴战略已走过第一个五年,也走出了一条极具中国特色的乡村建设之路。2017年10月18日,党的十九大报告指出,实施乡村振兴。农业农村农民问题是关系国计民生的根本性问题,必须始终把解决好"三农"问题作为全党工作重中之重。这是我国首次提出乡村振兴战略。2018年1月2日,中共中央、国务院发布的《中共中央 国务院关于实施乡村振兴战略的意见》指出,实施乡村振兴战略,是党的十九大作出的重大决策部署,是决胜全面建成小康社会、全面建设社会主义现代化国家的重大历史任务,是新时代"三农"工作的总抓手。自此,我国乡村振兴战略开始部署与实施,乡村品牌建设也在乡村振兴战略的大潮下逐步推进。2018年6月26日,农业农村部发布《农业农村部关于加快推进品牌强农的意见》,提出筑牢品牌发展基础、构建农业品牌体系、完善品牌发展机制、挖掘品牌文化内涵、提升品牌营销能力五大主要任务。2018年9月,中共中央、国务院印发《乡村振兴战略规划(2018—2022年)》,提出两个阶段性目标:到2020年,乡村振兴的制度框架和政策体系基本形成;到2022年,乡村振兴的制度框架和政策体系初步健全。乡村振兴战略的五年规划与"两步走"目标为战略发展指明了方向与道路。2019年6月,国务院印发《国务院关于促进乡村产业振兴的指导意见》,指出产业兴旺是乡村振兴的重要基础,是解决农村一切问题的前提。2020年7月9日,农业农村部印发《全国乡村产业发展规划(2020—2025年)》,指出发展乡村产业是乡村全面振兴的重要根基,是巩固提升全面小康成果的重要支撑,是推进农业农村现代化的重要引擎。2021年1月4日,《中共中央 国务院关于全面推进乡村振兴加快农业农村现代化的意见》发布,这是21世纪以来第18个指导"三农"工作的中央一号文件。2021年4月29日,第十三届全国人大常委会第二十八次会议表决通过《中华人民共和国乡村振兴促进法》。2021年10月,国务院印发《"十四五"国家知识产权保护和运用规划》,提出加强涉农知识产权运用,助力乡村振兴。从指导政策到法律法规,我国以实际行动表达出乡村振兴建设的决心与恒心。在加快构建以国内大循环为主体、国内国际双循环相促进的新发展格局下,我国乡村振兴建设第一个五年遭受新型冠状病毒感染疫情影响,面临严峻挑战。但在党中央的领导下,我国乡村振兴战略始终稳步前行,并未落后。疫情过后,乡村建设迎来第二春。

自2017年以来,习近平总书记对乡村振兴战略、"三农"建设等问题作出重要论述与重要指示,为我国乡村振兴品牌建设开辟了新的蓝图,成为我国乡村振兴品牌建设的根本行动指南。

自2023年起,乡村振兴战略进入第二个五年,党中央和国务院的文件中,多次强调乡村振兴战略的重点实施。2023年1月2日,《中共中央 国务院关于做好2023年全面推进乡村振兴重点工作的意见》提出,建设供给保障强、科技装备强、经营体系强、产业韧性强、竞争能力强的农业强国。这为我国乡村振兴建设指明了工作重点与目标方向。2023年3月7日,《最高人民法院工作报告》提出,依法服务乡村振兴和区域协调发展,出台司法政策,服务脱贫攻坚、乡村振兴和农业农村现代化。良好的司法配套实施有助于保障乡村振兴平稳实施,对减少乡村纠纷、创造和谐环境、净化市场秩序有重要意义。2024年,中央一号文件《中共中央 国务院关于学习运用"千村示范、万村整治"工程经验有力有效推进乡村全面振兴的意见》指出,推进中国式现代化,必须坚持不懈夯实农业基础,推进乡村全面振兴。要学习运用"千万工程"蕴含的发展理念、工作方法和推进机制,把推进乡村全面振兴作为新时代新征程"三农"工作的总抓手,坚持以人民为中心的发展思想,完整、准确、全面贯彻新发展理念,因地制宜、分类施策,循序渐进、久久为功,集中力量抓好办成一批群众可感可及的实事,不断取得实质性进展、阶段性成果。新政策指引新方向,新方向促成新方法,全面推进乡村振兴必须落到实处、走向高处,不断推进"三农"成果实质化、阶段化发展,实现新时代下光明璀璨的新征程。

全面推进乡村振兴,品牌建设是其关键战略抓手。品牌强农、质量兴农等举措是我国多年来始终大力推广实施的重要策略，为农业品牌化、农产品特色化的光明发展创造了积极条件。在政府、农户、企业、社会等各方努力之下，各区域特色产业发展取得喜人成绩，各区域特色农产品建设取得优异成果。截至2023年，我国累计批准地理标志产品2495个，登记地理标志农产品3510个，核准地理标志作为集体商标、证明商标注册7076件。运城苹果、赣南脐橙、定西马铃薯、如东文蛤、横县茉莉花茶、吉林大米等优势特色农产品品牌家喻户晓、广为人知。农业品牌建设初步成功，我国农产品市场影响力持续递增。品牌是连接农村与城市、农民与消费者、农产品与现代化产业的重要纽带，不仅代表极高的产品质量与产品标准，也代表社会高度的认同感与信任感。乡村振兴集中于品牌建设，在满足大众农产品消费需求的同时，能够突出升级供需结构，有效解决"三农"问题。品牌化发展，能够提升农产品质量、助力增强产业发动机，实现农业现代化建设发展。打造一批具有鲜明特色的农业品牌，是实现农业高质量发展、促进产业高质量振兴的有效方案。

目录

第一章
贵州村超：乡村振兴品牌建设的优等生　　001

第一节　贵州村超的品牌建设策略 …………003
第二节　贵州村超品牌建设的影响与效果 …………021

第二章
乡村振兴：中国式现代化建设的关键　　029

第一节　乡村振兴的中国式现代化建设 …………031
第二节　乡村振兴与中国式现代化品牌建设 …………041

第三章
乡村振兴品牌建设的理论基础　　051

第一节　乡村振兴品牌概述 …………053
第二节　乡村振兴品牌建设的核心要素 …………065
第三节　乡村振兴品牌与知识产权 …………086
第四节　乡村振兴品牌体系 …………100

第四章
乡村振兴品牌建设的域外经验   **119**

第一节　美国:"特色小镇"模式 …………………**121**

第二节　日本:"一村一品"模式 …………………**129**

第五章
乡村振兴品牌建设的中国式现代化设想   **141**

第一节　乡村振兴品牌建设的现代化趋势 …………**143**

第二节　乡村振兴品牌建设的现代化策略 …………**158**

第一章
贵州村超：乡村振兴品牌建设的优等生

- 贵州村超的品牌建设策略
- 贵州村超品牌建设的影响与效果

2024年中央一号文件《中共中央 国务院关于学习运用"千村示范、万村整治"工程经验有力有效推进乡村全面振兴的意见》指出，要坚持农民唱主角，促进"村BA"、村超、村晚等群众性文体活动健康发展。贵州村超代表了广大乡村居民的智慧与创新，是中国乡村振兴品牌建设的成功典范。2023年1月24日，大年初三，贵州榕江县三宝侗寨侗族同胞为庆祝新春佳节，在榕江县城北新区体育馆举办榕江车江三宝侗寨2023年乡村足球超级联赛，开启了贵州"村超"的爆火大幕。2023年5月13日，由民间自发组织举办的榕江（三宝侗寨）和美乡村足球超级联赛在榕江县城北新区体育馆开幕，现场万余人观看开幕式表演，系列比赛获得国家体育总局、央视《新闻联播》、共青团、《光明日报》等宣传报道，"村超"品牌一赛成名。"村超"品牌的打响，不仅带来我国民间足球的春天，也带来乡村振兴经济建设的春天。贵州村超的走红，不是一次偶然，而是贵州响应乡村振兴战略、探索乡村品牌建设的必然。在乡村振兴品牌建设中，贵州在不断试错中成长，既是走在前方的先行者，也是走在前列的优等生。

第一节

贵州村超的品牌建设策略

一、品牌创建：瞄准消费者目标

贵州村超十分注重品牌创建与消费者目标，通过品牌创建和有效的市场定位，联赛在目标消费者心中树立了积极的形象，并成功吸引了广大人民群众的关注和参与。

(一)品牌创建的要素

品牌创建是一个全面而复杂的过程,需要综合考虑多个要素。以下是品牌创建的一些要素。

1. 品牌目标与目标受众

明确品牌的目标和愿景,包括品牌的使命和价值观。这些目标应该与目标市场和受众的需求相契合。明确品牌的目标受众,了解他们的需求、喜好、价值观和行为习惯。只有深入了解目标受众,才能更好地满足他们的需求。

2. 品牌名称、标志和故事

选择一个简洁、易于记忆、与品牌形象相符的品牌名称。品牌标志设计应该简单明了,能够快速传递品牌的核心信息。品牌需要创作一个吸引人的品牌故事,讲述品牌的起源、理念和目标,让目标受众产生情感共鸣。

3. 竞争分析与创新持久

对市场竞争对手进行深入分析,了解其优势和弱点,找到自己的差异化优势,确保品牌在竞争中脱颖而出。品牌需要不断地创新和适应市场的变化与受众的需求。持续的创新能够让品牌保持活力和竞争力。品牌创建是一个持久的过程,需要长期的投入和坚持。成功的品牌是经过时间考验的,需要持续地投入和发展。

4. 品牌体验与声誉

品牌创建应该是一个全方位的体验,包括产品或服务质量、用户体验、售后服务等方面。优质的品牌体验能够赢得用户的口碑和忠诚。品牌方通过积极的宣传和营销,以及优质的产品和服务,建立品牌的良好声誉。良好的品牌声誉能够吸引更多的受众。品牌在所有渠道和场景中都应该保持一致性,包括品牌的形象、声音、语言风格等,这有助于建立品牌的识别度。

品牌创建是一个需要策略、创意和执行的综合性过程。它不仅涉及品牌的外部形象,还涉及品牌的内在价值和文化。遵循以上原则,可以帮助品牌建立独特的形象和价值观,赢得目标受众的认可和忠诚,从而在市场竞争中取得成功。

(二)贵州村超的品牌创建

在品牌创建方面,贵州村超利用贵州丰富的乡土文化元素形成独特的商标标识,如山水、苗绣等元素,将本土特色与足球联赛相结合,形成了独特的视觉形象。这一标识不仅能引起观众的好奇和兴趣,还能直观地传达联赛与乡村文化之间的关联性。同时,统一的宣传推广必不可少,贵州村超在宣传推广上积极采取多种渠道与媒体合作,如咪咕、抖音等大型媒体平台,打造了一系列统一的宣传活动。通过定期发布赛事新闻、社交媒体传播、电视广告等,将赛事品牌传播到更广泛的受众群体中,提高品牌的知名度和认可度。极具特色与丰富的赛事体验始终是贵州村超的建设方向。与职业足球联赛专业、高水准的竞技比赛不同,贵州村超只具有平常而普通的赛事场地、相对一般的比赛组织体系甚至极易受天气影响的比赛环境,但最值得民众期待的,恰恰是这种接地气的赛事体验以及丰富的民族民俗文化活动等。这些体验使得观众对联赛的期待值不会受到各种外在因素的影响,在预期降低的基础上更加专注于足球本身,贵州人民的热情好客与淳朴民风也让观众体验的满意度更上一层,因此可以形成观众对村超的品牌认同感与亲和力,从而建立起观众与品牌的紧密联系与品牌影响。

(三)贵州村超的消费者目标

贵州村超在建立之初便准确定位消费者目标,即足球爱好者、乡村居民以及文化体验受众。

1.足球爱好者

对于足球爱好者而言,足球赛事最重要的特点就是充满热血、激情和具有竞技性,贵州的足球文化让贵州村超迅速找到发展突破点,即对足球感兴趣的个人和团体。通过提供高水平的比赛和精彩的足球表演,贵州村超吸引了大量的足球爱好者前来观赛和参与,满足了足球爱好者难以亲身体验专业足球赛事的需求。职业联赛有职业联赛的优势,如专业性更强、竞技性更高、规范性更好,能够满足众多足球爱好者对于球队、球星、球技的高期望与高要求,但同时,职业联赛也具有赛事门票价格高、赛事管理不接地气、赛场激烈程度难以近身体会、过于注重赛事输赢等特点。因此,对于普通足球爱好者而言,草根赛场才是归宿,草根站上舞台才是普通人心中的英雄梦。

2.乡村居民

贵州村超着眼于服务乡村社区,将乡村居民作为重要的消费者目标。组织足球活动、足球培训和足球文化体验,激发了乡村居民参与足球的热情,提升了他们对乡村足球的认知和参与度,推动了乡村足球的发展和乡村振兴。足球爱好者是贵州村超的直接受众,而乡村居民则是贵州村超的潜在受众。乡村是绕不开的根,只有深深扎在这片土地,才能焕发春天的生机。乡村居民不仅仅是当地的乡村观众,更是参与赛事举办、竞技和后勤服务的人员,他们是撑起村超赛事的核心支柱,既代表了贵州榕江,也代表了大美乡村。村民们在忙碌的乡村生活之余,利用闲暇时光参与村超赛事,既是日益增长的物质文化需求得到满足的体现,也是高质量物质与精神生活相互融合的体现。

3.文化体验受众

除了举办足球赛事外,贵州村超还注重与贵州乡村文化的融合,吸引对本土文化具有浓厚兴趣的人群。通过推出乡村文化展览、民俗活动、美食展示等活动,贵州村超为观众提供了更丰富的文化体验,吸引了更多关注乡村文化的消费者。贵州少数民族的传统服饰、传统舞蹈、传统习俗等都是极好的文化内容,如欣赏侗族大歌、苗族芦笙舞对喜爱少数民族文化的游客来说无疑是一场文化之旅。文化体验也不仅仅是民族的,更是当地的,榕江县的风土人情在民族文化的加持下更具特色,一方水土养一方人,贵州百姓的热情好客、纯真朴实都让人体验到不一样的文化乐趣,这是贵州村超之外的附赠。赛前赛后、茶余饭后的活动,都是文化生活体验的一部分。

(四)小结

总结起来,贵州村超通过品牌创建和消费者目标的设定,成功构建了一个积极正面的联赛形象,面向全国吸引了不同类型的观众群体和参与者。通过与乡土文化的结合,贵州村超在品牌创建上具有独特性,进一步提升了品牌的辨识度和关注度。在此之前,榕江县也打造过五次乡村品牌,但并不十分成功,这与其品牌的消费者目标定位有极大关系,准确的品牌消费者目标画像能够为品牌的创建带来无可比拟的竞争优势。以足球爱好者、乡村居民和文化体验受众为重点消费者目标,贵州村超同时满足了不同类型的人群对足球、乡村文化、少数民族传统文化的物质和精神需求,勾勒了广阔的品牌发展路线,进一步提升了贵州村超的影响价值和受众黏性。

二、品牌定位:开展差异化竞争

贵州村超以体育运动为媒介,旨在推动乡村足球发展和乡村文化交流,其品牌建设有其独特的定位与价值。品牌调性的准确定位与品牌价值的核心实现需要赛事组织者、参赛人员与政府部门、企事业单位和社会公众的集体努力,共同实现乡村品牌的核心价值。

(一)品牌定位的原则

贵州村超的成功爆火,在于其品牌定位鲜明准确有卖点,因此品牌定位是品牌创建过程中至关重要的一环,它定义了品牌在目标市场中的位置和独特卖点,以下是品牌定位的一些原则。

1. 目标定位

品牌定位应该明确目标受众群体,在品牌创建之前应积极了解目标受众的需求、喜好、价值观和行为习惯,从而精准地满足他们的需求,建立品牌与目标受众之间的情感联系与信任联系。品牌定位要符合目标受众的需求和期望。品牌的产品、服务和宣传都应该与目标受众的生活方式和价值观相契合,并保持与目标受众需求相一致的取向,以目标受众的未来需求为品牌当前的定位,以此形成超前预期,提前吸引消费者,引领市场走向。同时,在需求尚未大规模形成时,好的品牌建设需创造可行需求,为卖方市场和买方市场创造新鲜的供需卖点,以形成新的品牌市场,并收获一批忠实客户。目标定位决定了品牌的整体走向与建设路径,对品牌来说是首要的。

2.优势定位

品牌定位要突出品牌的竞争优势,了解竞争对手的优势和弱点,找到自己与众不同的点,并通过这些优势在市场中脱颖而出。在品牌创建初期,可能并不存在绝对的竞争优势,这需要品牌在建设过程中逐渐挖掘并发扬自身优势,并根据自身优势在有限的地域、时间、消费者市场中发现相对优势,以此转化为品牌发展动能,带动第一阶段品牌建设。同时,品牌定位应该简洁明了,能清晰传达品牌的核心价值和独特卖点,让受众能快速理解和记住品牌的特点。品牌定位要突出品牌的独特性和个性。在竞争激烈的市场中,一个与众不同的品牌定位能吸引目标受众的注意力。品牌定位不是一成不变的,随着市场和受众的变化,品牌需要持续创新和调整定位策略,但其基本方向和核心要素应该保持稳定。

3.市场定位

品牌的市场定位应该是具体可行的,并且要能在实操运营中得到有效控制与执行。如果品牌的市场定位过于理想化,那么将会无法实现预期利益,不仅会导致品牌形象受损,而且将破坏品牌与消费者之间的密切联系,品牌建设将夭折于此。另外,品牌的市场定位要求包括运营、售后等各环节保持沟通和一致,无论是品牌宣传、广告、包装还是产品本身,都应该体现出该品牌在市场上的独特定位,抓住市场痛点并满足消费者需求。在确定品牌定位后,需要通过测试和反馈来验证其有效性,阶段性地收集市场数据和消费者反馈,不断优化品牌定位策略。

品牌定位是品牌能否取得成功的基石之一,它决定了品牌在市场中的地位和受众对其的认知。通过遵循以上原则,品牌可以建立起与目标受众紧密相连的独特形象,从而在激烈的市场竞争中取得优势。

(二)贵州村超的品牌定位

贵州村超的品牌定位具有独特属性,以小身姿博得大舞台。

1.民间足球代表者

贵州村超以足球为依托,由一群足球爱好者共同举办而成。从赛事组织者到参赛人员、观众都致力于将足球运动普及到乡村地区,这种积极向上、无畏无惧的热情代表着草根足球爱好者们对足球的赤诚热爱。所谓民间代表,是指赛事组织者、赛事参与者本来的普通村民身份,也指赛事举办的自发性与专业性,更指参与赛事的广大群众与业余爱好者。与职业联赛相反,民间赛事更具自由性、多样性、大众性,更能代表广大人民群众,也更能深入人心引起共鸣。民间赛事的本土特色也能激发观众的民族认同感与文化认同感,这使得赛事更加具有亲和力与感染力。正是在村民对足球运动的高度热情与极度热爱之下,贵州村超才不仅仅是一项倡导运动健康的乡村赛事,更是民族历史与传统文化的承载者、传承者。贵州村超作为我国民间足球的代表,其象征意义更强。广大基层足球团队和球员往往没有机会参与职业联赛,但他们对足球的热爱和执着仍然是我国足球文化的重要组成部分,贵州村超的举办既是对广大基层足球团体和群众体育精神的肯定,更是对乡村人民热情的肯定。贵州村超所展示的是乡村人民对足球的热情,同时也时刻提醒着,足球的魅力不仅仅在于职业赛场上,更在于广大人民群众的热爱与奔赴。

2.民族文化传承者

足球赛事是表,民族文化是里,贵州村超借助足球赛事传播弘扬贵州传统民族文化,且收效极佳。贵州村超不仅加强了乡村之间的互动交流,而且能够向更广泛的社会大众传播乡村文化与少数民族的生活魅力与文化特色。贵州村超的场上场下人员在比赛进程中都穿着传统民族服饰,将传统文化元素融入足球比赛,啦啦队在中场休息时表演民族舞蹈,这既为足球赛事带来了十足美感,也为民族文化的传播创造了机会。无论是线上还是线下,都吸引了大量人民群众的关注,进一步加深了全国人民对贵州地区民族文化的了解和认同。民族文化的传播还在于地域。贵州榕江县对比赛场地的选择和场景的营造向外界展示了贵州乡村地区的特色民俗活动与当地的风土地貌,这种推广方式可以让更多人了解并感受贵州的独特风貌。各种因素的聚合为贵州村超带来了空前的流量,贵州榕江县也因此成为人们夏日出行的旅游胜地,广大游客能够通过观看比赛、参与体验各项活动等方式更直接地接触和了解贵州的民族文化,这为贵州的旅游业和文化产业带来了发展机遇。同时,贵州村超积极举办各类文化交流活动,包括民族艺术表演、文化展示等,与其他地区的民族艺术团体或文化机构互动交流。通过这些活动,贵州村超成为推动不同民族文化相互交流、学习的平台,使其所代表的民族文化得以传播和推广。

3.群众理念践行者

贵州村超始终坚持人民至上的理念,将人民群众作为一切活动的中心与主体,始终倡导发挥人民群众的首创精神,发展成果由人民共享,以满足民众日益增长的物质和精神需求。在贵州人民群众全面推进乡村振兴的道路上,贵州村超是广大人民群众乐此不疲追逐美好生活而勇往直前的真实写照。贵州村超的主角是群众,最广大的人民群众。不管是在20世纪90年代自制的露天简易足球场上举办的早期"村超",还是在榕江县城北新区标准足球场上进行的和美乡村足球超级联赛,赛事发起、赛程安排、晋级规则、节目表演等各环节均是由民间自发组织、自行决定、自行实施,政府始终坚持"人民体育人民办、办好体育为人民"的理念,全力做好服务保障工作,始终让"村超"的主角是群众,"村味"十足。同时,贵州村超注重社会责任和可持续发展理念,关注环境保护、社会公益和青少年足球培训,通过培养当地足球人才、完善社会福利和组织公益活动,贵州村超树立了一个积极正面的品牌形象,是群众理念的切实践行者。

(三)贵州村超的差异化竞争

品牌建设必须依托独立资源,形成独立的特色风格,一味模仿永远不会实现超越。在多方对比之下,后入场的玩家更容易陷入同质化弊端而遭到市场抵触,甚至被冠以"抄袭"之名,标签化,反而造成难以挽回的损失。因此,在互联网同质化竞争盛行的今天,乡村振兴品牌建设应远离同质化,向创新式发展看齐。

1.运动类型的差异化

贵州省台江县台盘乡的"村BA"作为中国乡村体育赛事的现象级IP,于2022年夏季凭借"接地气"的办赛模式火爆出圈——没有专业场馆,露天球场边层层叠叠站满观众;没有商业赞助,奖品是当地特色的香米、鲟鱼;参赛者全是村民,但比赛的攻防节奏堪比职业比赛。这场由苗族"吃新节"篮球赛演变而来的赛事,通过短视频平台的裂变传播,单场直播观看量超5000万人次,甚至得到NBA球星和外交部的点赞,成为乡村振兴中"文体旅融合"的标杆案例。

在台江"村BA"的先例之后,福建、浙江等多地的乡村都开始追赶篮球乡村联赛热潮,却都难以复刻并超越"第一个吃螃蟹"的台江"村BA"。榕江县在村超之前也举办过首届侗年节篮球邀请赛与乐里七十二寨乡村篮球交流赛,效果均为一般,不仅无法与台江"村BA"相提并论,甚至可以说毫无热度。鉴于此,贵州村超选择通过乡村足球运动开辟一条新赛道,相比同质化的篮球比赛而言,这就是一个核心差异卖点。我国的足球爱好者并没有篮球爱好者多,但正因为如此,足球的民间赛事也没有篮球赛事多,篮球比赛可以1V1、2V2、3V3、4V4、5V5,参赛人数相对自由,比赛场地也可以是半场或全场,体育馆或小区篮球场,裁判的有无也不影响业余赛事的进行。而足球赛事则对参赛人数、场地、裁判等要求更高,因此民间赛事更少,多数球迷只能观看媒体转播的职业赛事,很难亲身感受民间氛围。榕江县选择足球这项运动,就是找准了差异化方向,并勇敢进行下去。

2. 乡村属性的差异化

其实,足球赛事在我国并不少见,学校、俱乐部经常会有足球赛事,但普通的赛事难以与传统足球联赛、职业联赛相区分。如果贵州村超以专业性为目标,那无异于班门弄斧。因此,包括"村BA"在内的乡村运动赛事都是以"乡村"为名开展活动,这就将乡村品牌与城市品牌、职业品牌相区分,形成独特的联赛属性。乡村属性体现在比赛场地、参赛人员、奖品、啦啦队等方面的乡村性。在比赛场地上,贵州村超在当地农田、村庄等特殊场地举办比赛,既展示了乡村面貌,也更加接地气,创造了独特的球场氛围和体验。在参赛人员方面,各行各业的村民队员的参与就是例证。在奖品方面,季军奖品为3只塔石小香羊,亚军奖品为3头黑毛猪,而冠军奖品则是一头小黄牛,均为当地特产,既不铺张浪费,也经济实用,再次传递出榕江县淳朴的民风。在啦啦队方面,中场表演的啦啦队队员们都是土生土长的少数民族姑娘,她们用独具特色的民族舞蹈为球队助兴。各方各面的乡村属性为贵州村超带来了耳目一新的感觉,人们既能感受到职业赛事的精彩竞技,也能看到普通爱好者的一番热情,这种差异化就是最美乡村所赋予的精神力量。

3.赛事性质的差异化

不同于传统的职业足球联赛或官方组织的体育赛事,贵州村超是民间自发组织的乡村足球比赛,具有去商业化的公益性质。贵州村超追求最原始的体育快乐,其商业化程度较低。贵州村超坚持开放办赛,没有门票收入,没有大规模的商业赞助,社会各界均可积极参与并支持乡村足球的发展,推动乡村振兴。贵州村超也与知名酒企贵州青酒开展联名合作,共同推出联名款白酒,但此次合作除商业销售外,还兼具公益性质,贵州青酒的线上销售所得将按照一定比例注入榕江县乡村足球发展基金。一个品牌的建设通常会以商业盈利为出发点,追求最大规模的盈利目标,但是贵州村超反其道而行之,以去商业化口号带动最商业化的品牌建设。品牌本身的建设不是目的,最重要的是带动周边旅游经济的发展,这是贵州村超独有的"商业化"模式,也是区别于其他赛事的关键差异。

(四)小结

贵州村超作为乡村品牌在品牌定位与差异化竞争方面有着鲜明特点和策略。以"乡村""足球""民族"等为关键词的贵州村超走出了专属于自己的乡村振兴道路,也创建了自己的标志品牌。在同质化日趋严重的互联网时代,贵州村超一反常态,不跟风模仿,而是深度融合了民间足球代表者、民族文化传承者和群众理念践行者的多重角色,体现出榕江县村民的独到眼光与智慧策略。通过这些独特的定位和差异化竞争策略,贵州村超成功塑造了一个以乡村足球为媒介的具有独特价值与特色的乡村品牌,为乡村振兴作出了积极贡献。

三、品牌塑造:进行合作式推广

在品牌创建和定位之后,如何塑造品牌至关重要。品牌塑造可以潜移默化地影响其在目标受众心目中形成的对产品、服务或组织形象的认知。一个成功的品牌塑造可以帮助企业或组织在激烈的市场竞争中脱颖而出,打造出其市场专属特征并获得竞争优势。贵州村超在品牌塑造中采用合作式推广模式,通过互联网媒体以及口号宣传的方式将贵州村超的名声辐射全国各地。这种合作推广模式可以将联赛打造成一个具有广泛影响力和参与度的乡村振兴平台,进一步推动贵州省乡村产业的发展和繁荣。

(一)品牌塑造的原则

品牌在塑造过程中应坚持以下原则。

1.真实一致性

品牌塑造与发展应该是真实无误的,有承诺必有兑现。虚假的宣传和夸大的承诺会降低人们对品牌的信任度,损害品牌形象。在品牌塑造过程中,所有的传播和行动都应该保持一致。品牌的形象、标志、口号、传播的信息等要在各个渠道和场景中都保持统一。

2.持续创新性

品牌塑造不是一蹴而就的,需要持续地投入和努力。品牌形象要持续地传递给目标受众,以建立对品牌的认知和长期信任。在品牌持续发展过程中,应同时保持对品牌塑造的创新性,要寻求与众不同的表现方式和传播途径,以吸引受众的注意。成功的品牌塑造需要时间和耐心,要有长远的规划和目标。持续的品牌传播和宣传是塑造品牌的必要手段。

3.适应反馈性

品牌塑造要适应不同的环境和市场需求。品牌形象和传播策略可能需要根据时代变化和市场变化而灵活调整。品牌塑造可以通过讲述故事的方式来打动受众,建立情感共鸣。一个有吸引力的品牌故事可以让品牌更加生动和有亲和力。品牌要积极与目标受众互动,了解他们的需求和反馈,倾听他们的声音,建立品牌与目标受众之间的情感连接。品牌塑造过程中需要不断收集反馈和评估效果,并根据反馈信息,及时调整品牌策略和传播方式,以提升品牌的效果和影响力。

这些原则可以帮助品牌在激烈的市场竞争中脱颖而出,建立起独特的形象和价值观,赢得目标受众的认可和信任。

(二)贵州村超的塑造重点

贵州村超应从以下方面进行重点塑造。

1.强调乡村振兴

品牌塑造的核心定位应该围绕乡村振兴这一主题展开。贵州村超作为和美乡村足球超级联赛,应该强调其在推动乡村振兴方面的积极作用,即通过足球运动,激发乡村活力,促进乡村经济繁荣和社会全面进步。贵州村超还应强调本土特色。贵州村超应突出本土特色和文化元素,将贵州独特的风景、民俗和历史融入品牌形象。这样做有助于打造与众不同的品牌形象,增强品牌的地域认同和吸引力。

2.讲述品牌故事

贵州村超应打造一个吸引人的品牌故事,讲述超级联赛与乡村振兴的紧密关系,强调联赛在推动乡村发展和提升乡村形象方面的积极作用,吸引观众和合作伙伴的共鸣与关注。联赛应树立一套符合乡村振兴理念的核心价值观,如团结、创新、共赢等。这些价值观将贯穿于联赛的所有活动和决策中,体现联赛对乡村发展的承诺和使命。同时,贵州村超可以突出草根足球的力量和价值。强调每一位参与者的贡献,让乡村球员和球迷成为品牌故事的主角,增强品牌的亲和力和感染力。

3.树立品牌形象

贵州村超应该强调足球运动带来的快乐和共享精神,通过足球比赛和相关赛事活动,将快乐和友谊传递给更多的乡村居民与观众,让乡村足球成为连接人心的纽带。贵州村超可以塑造一个强调社会责任和社会效益的品牌形象。通过积极参与乡村建设和公益活动,推动乡村社区的改善和发展,树立一个有担当、有温度的品牌形象。

(三)贵州村超的合作式推广

贵州村超利用多种渠道进行全国推广,与各大媒体建立合作关系,包括电视、广播、报纸和网络媒体等,通过宣传报道、赛事转播等形式,将联赛的信息传递给更广泛的观众。同时,利用社交媒体平台进行在线宣传和互动,吸引更多的粉丝和观众参与其中,成功打响了乡村品牌。

1. 官媒自媒宣传

由民间自发组织的足球赛事活动,获得了广大官方媒体的积极关注与点赞转发,这种力量非一般可比。贵州村超通过线上线下相结合的方式展开营销活动,利用社交媒体、平台直播等方式进行赛事宣传和推广,吸引了大量观众和参与者。同时,通过与企业和社会组织的合作,推出多样化的赛事周边产品和服务,增加了赛事的商业价值。贵州村超充分利用榕江县新媒体产业发展优势,全县10000多个新媒体账号、2200余个本地网络直播营销团队与全县群众自发拍摄的赛事短视频,通过抖音、快手、视频号等自媒体宣传"村超"足球赛事,实现了传播速度快、影响范围广、关注效应高的效果。如《人民日报》客户端、《人民日报》视界客户端、新华社、央视频客户端等多家媒体对"超级星期六"比赛现场进行全网直播。

2. 知名人士助阵

从2023年5月13日开幕至6月25日,贵州村超的名声呈上升趋势,特别是进入6月后,韩乔生、范志毅等知名人士相继助阵发声,为贵州村超带来了更大流量。6月3日,我国著名体育主持人、解说员韩乔生亲临榕江县贵州村超足球场,为线上线下广大观众带来了精彩的现场足球解说。6月12日至6月25日,亚洲足球先生范志毅在其抖音账号连发村超视频,内容为接受村超邀请、前往村超准备、亮相榕江村超等。据相关统计,端午节期间以"范志毅相约村超抵达榕江"为名的话题登上抖音热搜。

3. 企业联名合作推广

贵州青酒与贵州村超联名合作,推出"贵州村超"酱香型白酒,在7月29日贵州村超总决赛当天开启直播销售,多位主播达人直播带货,加上价格亲民,品牌推广极为成功。此次合作除具有商业销售性质外,还兼具公益性质,贵州青酒的线上销售所得将按照一定比例注入榕江县乡村足球发展基金。虽然贵州村超倡导"去商业化",但联名推广是品牌塑造的重要手段,想要进一步提升品牌形象与品牌影响力,就需要跨界合作,利用其他行业的知名品牌联合带动共同发展,形成共赢。而且,贵州村超的联名兼具公益属性,将销售所得回归乡村足球发展,是坚持群众路线,在保证品牌初心的前提下完成品牌影响力的扩大和升级,对贵州村超的可持续性发展有重要意义。贵州村超可与具有相似乡村振兴理念的品牌建立战略合作伙伴关系。通过与当地企业、农产品合作社、旅游机构等的合作与相互推广,联赛能分享资源,实现互惠互利,提升品牌形象和知名度。

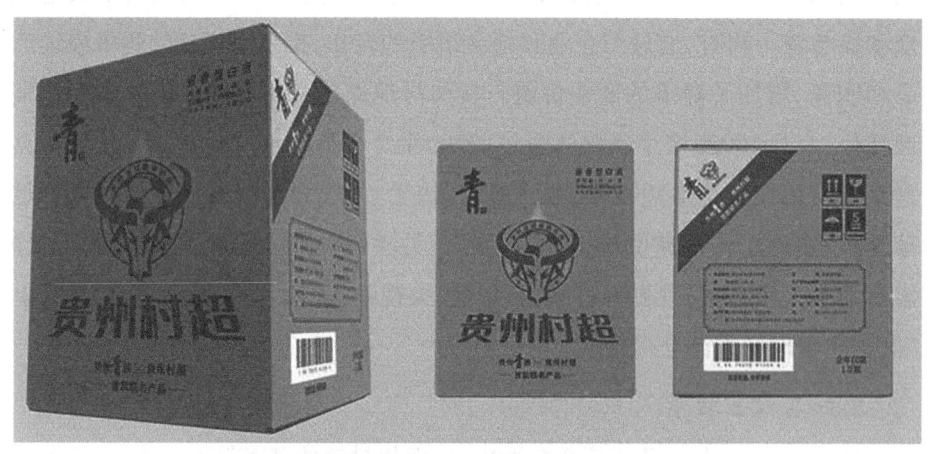

(四)小结

品牌塑造和合作式推广是贵州村超成功发展与实现乡村振兴的关键因素。通过品牌塑造,贵州村超能够建立独特的形象和价值观,而合作式推广则是通过与各合作伙伴分享资源和利益,实现品牌的广泛传播和推广。通过品牌塑造和合作式推广策略,贵州村超能够在推动乡村振兴和提升乡村形象方面取得积极的效果。联赛将独特的品牌故事和核心价值观传递给更广泛的观众与合作伙伴,通过合作推广,联赛被打造成了一个具有广泛影响力和参与度的乡村振兴平台,进一步推动了贵州省乡村产业的发展和繁荣。

四、品牌管理:开展全面知识产权保护

乡村振兴是我国当前重要的发展战略,而体育产业在乡村振兴中发挥着关键的作用。贵州村超作为一个具有地方特色的乡村足球联赛,不仅推动了体育事业的发展,还有利于促进当地经济增长和社会文化的繁荣。然而,乡村足球超级联赛的品牌管理与知识产权保护是构建一个强大的品牌形象和促进知识产权保护的重要环节。品牌管理对于贵州村超的发展至关重要。良好的品牌形象可以提高联赛的知名度和影响力,吸引更多的球员和观众参与进来,从而促进联赛的发展。同时,知识产权保护是保护创新成果和促进经济发展的重要手段,通过对知识产权的保护,可以提高联赛的竞争力,吸引更多的投资和资源,为乡村振兴战略作出贡献。

(一)品牌管理的原则

品牌管理应遵从以下基本原则。

1. 数据管理

品牌管理需要以数据为依据,借助大数据,了解目标用户的需求和对品牌的感知,制定科学的品牌战略。企业内部所有相关部门都应该认识到品牌资产的重要性,并全面共享品牌策略,确保一致执行。

2. 灵活管理

随着市场环境和消费趋势的变化,品牌管理需要保持灵活性,在保持品牌核心诉求不变的前提下,及时作出调整变通。品牌传播需要贯穿各个客户的触点,确保提供持续连贯的品牌体验,增强受众对品牌的忠诚度。不能故步自封,而要通过监测和调研,持续收集用户反馈,不断优化和提升品牌管理措施。

3.形象管理

品牌形象是品牌管理中最重要的一环,任何有损品牌形象、品牌声誉的行为都可能导致品牌的崩塌。应确立对联赛独特品牌的识别和定位,建立品牌形象和口号。联赛应该通过设计标志、宣传资料、网站和社交媒体等,传达其核心价值观和乡村振兴理念,使消费者和观众能深刻理解和认同品牌;应注重观众和参与者的品牌体验,提供良好的赛事组织和服务;应积极管理品牌口碑,通过与观众和合作伙伴的互动,建立积极正面的品牌形象,增强联赛的吸引力和认可度。品牌管理还需要承担必要的社会责任,关注用户权益,回馈社会,树立正面形象。

(二)贵州村超的商标管理

贵州村超的商标管理形式严峻,多地抢注村超商标,扰乱市场竞争秩序。对此,应从以下三个方面进行管理和保护。

1.成立公司

为了更好地保护村超品牌,规范村超商标管理,榕江县特成立贵州村超文化旅游开发(集团)有限责任公司,致力于更好地发挥村超公益品牌的价值,助力乡村足球公益事业发展。新成立的公司由榕江县国有企业100%持股,未来村超品牌所有的收益将全部用于乡村足球发展公益事业。2023年7月12日,贵州村超文化旅游开发(集团)有限责任公司注册成立。天眼查信息显示,该公司由榕江县古州文化旅游投资开发(集团)有限责任公司100%持股,母公司唯一股东为榕江县财政局。其中工商信息还显示,贵州村超文化旅游开发(集团)有限责任公司注册资本500万元,经营范围包括体育赛事策划、体育竞赛组织等。

2.注册商标

2023年5月中下旬以来,榕江县市场监督管理局积极对接上级部门,开展"村超""村FA"商标注册工作,并约定由榕江县古州文化旅游投资开发(集团)有限责任公司作为"村超""村FA"商标申请人,将商标注册申请相关事宜委托给第三方知识产权代理机构。贵州村超注册并合法使用专属商标,以确保品牌独特性和识别度。同时,联赛应建立严格的商标管理制度,加强商标使用的监管和管理,防止商标滥用和侵权行为。同时,应加强商标的法律保护,及时发现并采取法律手段解决商标侵权和假冒行为。与此同时,还应加强公众教育,提高对商标保护的认识,并培养消费者对正规商标产品的认同和信任。

3. 政府部门介入

2023年7月,贵州省市场监督管理局印发《"村BA""村超"品牌培育及知识产权保护工作方案》,从"村BA+产业""村超+产业"系列商标培育、品牌创建、知识产权保护等方面,加强"村BA""村超"品牌培育、知识产权保护工作。除了指导黔东南州开展"村BA""村超"商标注册申请,支持台江县、榕江县实施知识产权战略,在知识产权保护方面,严厉打击非正常专利申请、商标恶意注册、商标侵权假冒、不正当竞争等违法行为。

第一,在"村BA+产业""村超+产业"系列商标培育方面,贵州省市场监督管理局指导黔东南州开展"村BA""村超"商标注册申请,支持台江县、榕江县实施知识产权战略。

第二,在品牌创建方面,贵州省市场监督管理局开展质量基础设施"一站式"服务,为贵州"村BA""村超"提供质量和品牌服务。

第三,在知识产权保护方面,贵州省市场监督管理局加强源头保护和网络舆情监测处置,严厉打击非正常专利申请、商标恶意注册、商标侵权假冒、不正当竞争等违法行为。

贵州省市场监督管理局将加强工作指导,切实发挥市场监管部门品牌培育、知识产权运用保护等职能优势,推动"村BA+产业""村超+产业"不断发展壮大,服务地方经济发展,促进农民增收、产业发展,全面推进乡村振兴。

(三)贵州村超的版权管理

针对贵州村超这一乡村体育品牌,可以从以下三个方面进行版权管理。

1. 版权申请

贵州村超可以通过合法的方式申请版权保护,包括比赛直播、赛事报道、宣传资料等。联赛应制定版权管理规定,明确版权归属和使用权限,加强版权管理,防止版权纠纷和侵权行为。联赛应加强版权保护意识,监测和发现版权侵权行为，通过法律手段维护版权权益。同时，加强版权宣传和公众教育，提高社会对版权保护的重视程度。明确工作人员保密义务，与参与运营的员工签订保密协议，不泄露内部信息，同时加强保密和版权意识培训。

2. 签订版权授权协议

与各合作方签订版权相关条款，明确贵州村超享有排他的知识产权，避免不确定性。在保护核心版权的前提下，通过授权的形式进行商业化运营，以正版代替盗版。

3. 严厉打击版权侵权

积极与地方政府沟通，推动相关部门形成合力，加大对假冒商品的打击力度。监测网络和新媒体中的对村超版权的非法使用，采取下架等措施加大维权力度，通过技术手段防止视频被非法转载。采用明确的防伪标识等技术手段，通过宣传教育提高公众的版权识别能力。建立对外举报渠道，一旦公众发现假冒情况可以及时进行举报，以便采取措施。通过全方位的版权保护措施，可以有效维护贵州村超的知识产权，确保品牌价值不受侵犯。但这需要权利人、政府、公众等多方参与，形成合力。

(四) 小结

贵州村超的品牌管理与知识产权保护对于推动乡村振兴战略起着重要作用。通过商标、版权的管理与保护，可以提升联赛的品牌形象和价值，保护知识产权，吸引更多的投资和资源，促进乡村经济的发展。同时，贵州村超作为具有地域特色的赛事，可以申请地理标志保护，以凸显地域特色和区域文化。贵州村超应积极与相关部门合作，进行地理标志的认定和注册工作，确保地理标志的合法使用和管理。同时，要防止地理标志被他人冒用或模仿，在发现地理标志侵权行为时，应及时采取法律手段，维护地理标志的声誉和权益。因此，贵州村超组织方应高度重视品牌管理与知识产权保护工作，加强制度建设和增强法律意识，为贵州村超的可持续发展奠定坚实基础。政府和社会各界也应加大支持力度，建立完善的法律规范和制度保障，共同促进乡村振兴和体育产业的融合发展。

第二节
贵州村超品牌建设的影响与效果

贵州村超是乡村振兴战略中的一个重要组成部分,通过品牌建设可以对乡村足球事业、地方经济和社会文化产生积极的影响与效果。贵州村超品牌建设的影响与效果可以从提升地方形象、推动经济发展、激发社会参与和塑造乡村文化四个方面进行分析。

第一,提升地方形象。贵州村超作为一个具有地方特色的赛事,通过品牌建设可以提升所在地区的形象。联赛的成功举办和广泛影响将吸引更多人关注和关心贵州乡村足球事业,使其成为地方文化和旅游的独特代表。地方形象的提升有助于推广当地的特色文化和旅游资源,吸引更多游客和投资,推动当地经济的发展。

第二,推动经济发展。贵州村超的品牌建设对于促进乡村经济发展具有重要作用。一方面,联赛的成功运营和推广将吸引众多观众和球迷前来支持,带动旅游、餐饮、住宿等相关产业的发展,增加当地的经济收入。另一方面,联赛还可以吸引赞助商和合作伙伴,为当地带来更多的投资和资源,推动经济结构优化和产业升级。

第三,激发社会参与。贵州村超的品牌建设能够激发社会各界的参与热情。通过举办赛事、开展公益活动等方式,联赛可以吸引更多的志愿者、合作伙伴参与其中,形成社会共识和合力。这种广泛的社会参与有助于推动乡村振兴战略的实施,加强社会各界对乡村发展的关注和支持,形成良好的发展氛围。

第四,塑造乡村文化。贵州村超的品牌建设可以促进乡村文化的传承和发展。联赛可以将地方的文化元素融入赛事组织和活动,通过舞台表演、文化展示等形式展示乡村的特色和魅力。这样的文化塑造有助于增强当地居民的文化认同和自豪感,同时也带动了乡村文化产业的繁荣,推动了乡村文化事业的发展。

贵州村超品牌建设对于乡村振兴具有积极的影响与效果。通过提升地方形象,推动经济发展,激发社会参与和塑造乡村文化,联赛可以促进乡村经济的发展和社会进步,提升地方的知名度和影响力。因此,相关部门和组织应高度重视贵州村超的品牌建设工作,加大投入和支持力度,为乡村振兴战略的顺利实施和当地经济社会的全面发展作出贡献。同时,联赛组织方也应注重可持续发展,不断提升品牌形象和影响力,为乡村振兴注入新的活力和动力。

一、经济效益与市场表现

贵州村超作为推动乡村振兴战略的重要组成部分,在经济效益和市场表现方面具有广泛影响。应以村超热度为基础,保障经济持续增长;以村超热度为翘板,推广当地的蜡染、水果、民族服饰、特色小吃等,将榕江特产推销出去,使榕江特色走出榕江走出贵州,使村集体经济在村超带来的机遇中持续发展壮大。如,三江水族乡紧抓贵州村超热度,持续输送优质乡村特产到村超现场进行直播卖货。同时三江水族乡分从村党支部还申请了自己的独特蜡染标识"蝶之源",让蜡染产品更有独特性。

(一)赛事经济带动效应

贵州村超作为一项具有地方特色的赛事,能够带动相关产业的发展,形成赛事经济带动效应。首先,联赛的成功举办吸引了大量的观众和球迷前来支持,带动了餐饮、住宿、交通等相关服务业的繁荣。其次,联赛还有助于推动体育用品、球队装备、场馆建设等产业的发展。这种赛事经济带动效应能促进当地经济的增长,提高就业率和居民收入。

贵州村超找准民族特色与村级经济发展的结合点,积极谋划,多元发展。一是大力发展蜡染业。充分发挥村内部分群众蜡染经验丰富、蜡染历史悠久的优势,打造蜡染体验基地,建设民族文化展示长廊,集体统一管理,专人展示才艺,优先选派优秀代表带领游客体验蜡染制作工艺,以老带青传承蜡染经验。如三江水族乡分从村,由党支部领办的村级集体公司,主要发展蜡染产业,通过贵州村超引流,助力蜡染产业发展。二是大力发展美食业。榕江县将赛场周围闲置地收归给地摊经济使用,展示以及售卖榕江卷粉、玉米粑及其他当地美食。免费划定摊位给群众,为他们提供展示当地美食和特殊农产品的平台。三是大力发展林果业。打造当地特色水果品尝会,鼓励果农将自家西瓜带来展示,并对收获票数最高的产品进行奖励,在宣传当地水果的同时也进一步拓宽了农民的增收渠道。通过大力发展水果产业,榕江县集体经济有了持续可靠的产业支撑,群众在家门口就有了增收致富的平台。

(二)旅游业促进

贵州村超作为一项有影响力的赛事,具有吸引游客的特点,对于促进当地旅游业的发展具有积极影响。观众和球迷前来参与联赛,除了观赛之外,还有可能深入当地旅游,了解当地的自然风光和人文特色。这将直接促进旅游业收入的增长,推动旅游服务、酒店住宿、餐饮等相关产业的繁荣。同时,联赛的品牌建设,可以提高当地旅游目的地的知名度和吸引力,吸引更多游客前来体验。应积极促成旅游业与新媒体的合作发展,因为旅游业与新媒体的合作发展集聚了最活跃的生产力、最年轻的从业群体、最多元的思想、最复杂的利益诉求,其从业人员的思维模式、行为模式、认知模式,都不同程度地有别于传统领域。旅游业与新媒体的合作发展需要在整体把握当地产业特征的基础上,有针对性地进行一体谋划、统筹布局、系统整合,同时也需要自下而上不断从基层汇总个性经验,凝练与升华出"共性"与"共识"。

(三)品牌价值提升

贵州村超的市场表现还体现在品牌价值提升方面。通过品牌建设,联赛可以树立自身的形象和特点,积累口碑和影响力。这有助于联赛吸引更多的赞助商和合作伙伴,提高联赛的商业价值。与此同时,品牌的增值也能为联赛带来更多的商业机会,如衍生产品的销售、版权运营等。这种品牌价值提升将进一步推动联赛的发展,并为乡村振兴战略注入新的活力和动力。贵州村超在市场上的表现主要体现在广告商和赞助商收益方面。联赛的品牌知名度提升后,吸引了更多的广告商和赞助商的关注。联赛为广告商提供了一个广泛的曝光平台,增加了他们的产品或服务的推广渠道。同时,赞助商可以通过赛事的宣传推广和赛场广告投放提升品牌认知度与形象。广告商与赞助商收益的提升不仅可以为联赛带来经济回报,也有助于赛事的可持续发展。

贵州村超在经济效益与市场表现方面表现出了积极的影响。通过赛事经济的带动效应、旅游产业的促进以及品牌价值的提升,联赛为贵州乡村地区带来了经济增长、就业机会和商业机会。相关部门和组织应当进一步加大对贵州村超的支持力度,提高联赛的专业水平和品牌形象,促进乡村振兴战略的实施和当地经济社会的全面发展。同时,联赛组织方也应注重可持续发展,不断提升赛事的市场价值和竞争力,为联赛的长期发展提供保障。

二、社会影响与乡村振兴贡献

清流般的运动精神,使得贵州村超火爆全网,同时为榕江县带来了前所未有的流量和经济,基层党组织主动作为,通过党建引领,用"村超"流量促经济发展。贵州村超是促进乡村振兴战略的重要举措之一,通过促进体育文化交流、激发乡村活力和提升社会凝聚力,为提升当地乡村的社会影响与乡村振兴作出了重大贡献。下面将从体育文化传承、乡村活力激发、社会凝聚力增强和精神风貌提升四个方面详细探讨贵州村超的社会影响和对乡村振兴的贡献。

(一)体育文化传承

贵州村超作为一项乡村特色体育赛事,对促进体育文化的传承具有重要意义。联赛不仅提供了一个平台,让当地年轻人展示足球技巧和比赛风采,也有助于弘扬乡村体育文化,传承和发扬地方优秀的足球运动文化传统。联赛的举办,使足球运动在乡村得到普及,对培养青少年的体育兴趣和精神品质有着积极作用,也有助于健康生活方式的倡导和推广。

(二)乡村活力激发

贵州村超的举办能激发乡村的活力,推动乡村经济的发展。首先,联赛的举办将吸引大量的球员、教练员、工作人员和观众来到乡村,能带动餐饮、住宿、交通等相关服务业的繁荣。其次,联赛也有助于推动体育用品、球队装备、场馆建设等产业的发展,促进乡村经济多元化发展的同时吸引更多的人才、资金和资源进入乡村地区,提升乡村的产业水平和竞争力。

(三)社会凝聚力增强

贵州村超为乡村社区提供了一个凝聚人心的平台,增强了社会凝聚力和社区归属感。联赛的举办吸引了球迷和观众前来支持当地球队,激发了人们对家乡足球队的归属感和荣誉感。球迷和居民之间的互动和交流促进了社区的融合和邻里友好关系的建立。此外,联赛的赛事活动也为乡村居民提供了一种娱乐方式,丰富了乡村居民的生活,促进了他们的社交和文化交流。

(四)精神风貌提升

贵州村超的举办对于提升乡村的精神风貌和形象具有积极影响。这项赛事为乡村带来了充满活力和激情的体育氛围,增加了乡村的文化内涵和魅力。通过联赛的举办,乡村也得到了更多的社会关注和媒体报道,提高了乡村的知名度和村超的品牌形象。这对于实施乡村振兴战略非常重要,有助于吸引更多的人才、资金和资源进入乡村,推动乡村的全面发展。

贵州村超在社会影响和乡村振兴方面发挥了重要作用。通过体育文化传承、乡村活力激发、社会凝聚力增强和精神风貌提升,该联赛为乡村社区注入了新的活力和动力,在促进乡村振兴、提升乡村形象、增强社会凝聚力等方面起到了积极的作用。政府和相关组织应进一步加大对贵州村超的支持力度,提供必要的政策和资源支持,推动联赛的可持续发展,为乡村振兴战略的实施和乡村社会的全面发展作出较大的贡献。

三、品牌认知度与消费者满意度

贵州村超作为乡村足球发展的一项重要举措,在品牌认知度和消费者满意度方面发挥着重要作用。下面将从品牌知名度的提升、品牌形象的建立、消费者参与度的增加、赛事运营的优化四个方面详细探讨贵州村超的品牌认知度与消费者满意度。

(一)品牌知名度的提升

贵州村超通过不断的宣传推广和赛事举办,取得了较高的品牌知名度。联赛的品牌知名度提升主要得益于有效的宣传渠道和策略。例如,通过电视、广播、报纸等主流媒体的报道和宣传,使更多的人了解到贵州村超的存在。此外,社交媒体平台如微博、微信等也被广泛用于赛事宣传,有效地扩大了联赛的受众群体。随着品牌知名度的提升,更多的人对贵州村超产生兴趣,并愿意参与其中。

(二)品牌形象的建立

贵州村超的品牌形象是消费者对联赛的整体印象与认知。通过精心的赛事组织和运营管理,贵州村超在公众心目中树立了积极、专业、有活力的品牌形象。首先,联赛注重赛事的公正性和公平性,坚持高标准、高质量的比赛,赢得了观众和参与者的信任和尊重。其次,联赛注重创新,通过引入一些新的规则和比赛方式,使比赛更具吸引力和观赏性。这些努力也有助于提升品牌形象,使贵州村超成为人们关注和喜爱的品牌。

(三)消费者参与度的增加

贵州村超注重提升消费者的参与度,让消费者成为联赛的积极参与者和支持者。一方面,赛事组织者积极开展各种互动活动,如球迷行、球迷嘉年华等,吸引球迷和观众参与其中,增加与他们的互动。另一方面,联赛还开展了一系列与乡村居民和青少年相关的活动,如足球培训营、社区足球赛等,增强了赛事与消费者之间的联系。这种积极的互动和参与度的提升,有效地提高了消费者对贵州村超的满意度和认可度。

(四)赛事运营的优化

贵州村超的赛事运营关系到品牌认知度和消费者满意度。赛事运营的优化包括场馆设施的改善、赛事安全措施的加强、参赛队伍和球员的选拔与培训等。首先,场馆设施的改善,可以提供更好的观赛环境和体验,提高观众的满意度。其次,加强赛事安全措施,确保比赛的公平及球员和观众的安全,有助于提高消费者对联赛的认知度和信任度。最后,注重参赛队伍和球员的选拔与培训,提高赛事的竞争水平和观赏性,能进一步增强消费者的满意度。

贵州村超在品牌认知度与消费者满意度方面已经取得了一定的成绩,但仍有进一步提升的空间。通过提升品牌知名度、建立良好品牌形象、增加消费者参与度以及优化赛事运营等措施,可以进一步提高品牌认知度与消费者满意度。联赛组织者应积极倾听消费者的意见和建议,不断改进和提升赛事质量,创造更好的消费体验。同时,政府和相关机构也应加大对贵州村超的支持力度,为其可持续发展提供保障,助力乡村足球事业的繁荣和乡村振兴战略的实施。

第二章
乡村振兴：中国式现代化建设的关键

- 乡村振兴的中国式现代化建设
- 乡村振兴与中国式现代化品牌建设

贵州村超的品牌建设是中国式现代化建设进程中的一个成功范例。在新时代背景下，乡村振兴不再是传统助农脱贫的基础目标型战略，而是富农强农的进阶复合型战略，代表着新的时代特征、新的时代形态与新的时代方向。习近平总书记在庆祝中国共产党成立100周年大会上指出："我们坚持和发展中国特色社会主义，推动物质文明、政治文明、精神文明、社会文明、生态文明协调发展，创造了中国式现代化新道路，创造了人类文明新形态。"中国共产党自成立之日起就把实现中华民族伟大复兴作为自己的历史使命，不懈探索中国式现代化道路、推进中国现代化事业。新中国成立70多年来特别是改革开放40多年来，在中国共产党领导下，中国式现代化新道路成功开创，实现了人类历史上前所未有的伟大变革。中国式现代化新道路，是全面建成社会主义现代化强国、实现中华民族伟大复兴的必由之路。习近平总书记在党的二十大报告中指出："从现在起，中国共产党的中心任务就是团结带领全国各族人民全面建成社会主义现代化强国、实现第二个百年奋斗目标，以中国式现代化全面推进中华民族伟大复兴。"党成立一百多年来所进行的一切奋斗，目的就是把我国建设成为社会主义现代化强国、实现中华民族伟大复兴。在这个过程中，我们党对全面建设社会主义现代化国家在认识上不断深入、在战略上不断完善、在实践上不断丰富，走出了一条中国式现代化的新道路。

第一节

乡村振兴的中国式现代化建设

习近平总书记在党的二十大报告中强调："全面建设社会主义现代化国家，最艰巨最繁重的任务仍然在农村。"这为新时代新征程坚持农业农村优先发展、加快建设农业强国指明了前进方向,为全面建设社会主义现代化国家夯实农业农村基础提供了根本遵循。党的十八大以来,党中央从实现中华民族伟大复兴战略全局出发,立足世情国情农情,坚持把解决好"三农"问题作为全党工作重中之重;从解决我国社会主要矛盾出发,把实施乡村振兴战略作为新时代做好"三农"工作总抓手,坚持农业农村优先发展,走中国特色社会主义乡村振兴道路。习近平总书记坚持用大历史观来看待农业、农村、农民问题,深刻洞察"三农"发展规律和趋势,发表了一系列关于"三农"工作的重要论述。深刻理解习近平总书记关于乡村振兴重要论述的科学内涵,是新时代新征程全面推进乡村振兴、走好中国式农业农村现代化新道路和加快建设农业强国的必然要求。乡村振兴和中国式现代化建设是我国政府提出的两项重要战略,旨在推动农村地区的发展和现代化建设。乡村振兴是现代化建设的重要组成部分,是中国式现代化建设的重要方面之一,乡村振兴和中国式现代化建设都是为了推动我国经济社会的全面发展,具有战略性、全局性和长期性的定位。综合来看,乡村振兴是中国式现代化建设的一个重要方面,通过实施乡村振兴战略,我国将推动农村地区的现代化建设,实现城乡经济社会的协调发展。同时,中国式现代化建设将继续推进乡村振兴,使其成为现代化建设的重要支撑和基础。

一、乡村振兴的中国背景

2017年,习近平总书记在党的十九大报告中阐述坚持新发展理念这一基本方略时首次提出了"实施乡村振兴战略",随后2018年中央一号文件也相继发布,《乡村振兴战略规划(2018—2022年)》更是对其作出了重大战略部署。党和国家如此重视乡村振兴主要是基于深刻的历史背景和现实的发展需要。乡村振兴战略的实施是我国实现全面现代化的重要举措,也是中国特色社会主义事业的重要组成部分。通过乡村振兴,我国力图实现农业农村现代化,推动农村地区经济社会的全面发展,建设富裕美丽幸福现代化新农村。乡村振兴战略提出了"三农"问题的解决思路,强调实施农业农村现代化,推动农村全面进步。

(一)乡村历史背景

从社会发展来看,中国乡村的发展历史就是中国近现代发展的历史缩影。社会生产力迅猛发展带来的是科学技术的突飞猛进和社会结构的持续转型,以及由此而来的人口迁移与集聚、城市的兴起与乡村的衰落,这使乡村振兴迫在眉睫。乡村振兴的背景可以追溯到我国改革开放初期,特别是20世纪80年代末和90年代初。彼时,我国面临着许多农村问题和挑战。第一,农村经济发展滞后。改革开放后,城市经济快速发展,而农村经济发展相对滞后,导致城乡经济差距逐渐扩大。第二,农业生产方式落后。传统的农业生产方式和技术已经不能满足人们日益增长的对农产品的需求,农民收入增长缓慢。第三,农民收入水平低。农村居民的收入水平普遍较低,许多农民生活仍然处于低水平。第四,人口流动和农村空心化。大量农村劳动力涌向城市,导致农村劳动力短缺,农村社会和经济空心化。第五,生态环境恶化。农业生产和资源利用不合理,农村生态环境遭受破坏,导致生态问题日益严重。针对这些问题和挑战,我国政府开始关注和重视农村发展,并提出了相关发展政策和战略。

(二)新时代背景

乡村振兴作为中国特色社会主义进入新时代背景下的发展战略,与社会主要矛盾的新变化紧密相连,即城乡区域发展不平衡问题。在这一新背景下,党和国家提出了全面建成小康社会、实现社会主义现代化和中华民族伟大复兴的发展目标,而乡村振兴则成为实现这些目标的现实依据和逻辑基础。

1.习近平新时代中国特色社会主义思想引领发展

习近平新时代中国特色社会主义思想强调"实施乡村振兴战略",明确了新时代乡村发展的指导思想、基本原则和发展路径。这一思想的提出,为乡村振兴提供了科学的理论指引和实践路径。

2.乡村社会的问题

乡村振兴的提出是基于农村社会的问题。乡村地区面临诸多问题,包括农村空心化、劳动力老龄化、要素非农化、环境超载化等。这些问题导致了农村社会的相对落后和不平衡现象。因此,乡村振兴不仅是推动农村社会发展的方式,也是解决上述问题的必要前提。

3.国家发展内在逻辑关系紧密

乡村发展与国家发展之间存在紧密的内在逻辑关系。从乡村建设到新农村建设再到乡村振兴,国家在推动乡村发展的同时,也在强化其影响力。特别是近年来,国家对乡村发展的战略设计与政策制定愈加紧密,中央一号文件不断强调乡村振兴的重要性。这表明国家将乡村振兴提升到发展战略的新高度。

4.发展不平衡问题正在解决

随着中国城市化进程的推进,农村地区发展滞后、人口流失严重、农业发展滞后以及农村基础设施不完善等问题逐渐凸显。城乡差距的扩大不仅影响社会稳定,也制约着国家的整体发展。解决农村问题、缩小城乡差距成为中国式现代化建设的重要任务。

5.农业农村发展方式发生转变

传统农业面临发展瓶颈,农村劳动力外流,农村生产生活方式亟待转变。乡村振兴的目标之一是进一步解放和发展农村生产力,实现产业兴旺、生态宜居、乡风文明、治理有效、生活富裕的发展目标。

6.新型城镇化不断发展

乡村振兴与新型城镇化密切相关。推进新型城镇化不仅有利于乡村振兴,也可以通过带动县域经济的壮大,促进农村发展。乡村振兴也为新型城镇化提供了条件,二者相互促进,形成协同发展的局面。

乡村振兴作为中国式现代化的发展战略,紧密融合了国家发展目标、社会矛盾的变化和农村问题的解决,具有深远的历史背景和现实意义。通过推动乡村振兴,中国旨在实现城乡平衡发展、促进农村社会全面进步,进一步推动中华民族伟大复兴目标的实现。

(三)中国式现代化背景

在当前中国式现代化建设面临的各种严峻挑战中,解决好"三农"问题是一个重大优势条件。作为一个农业大国,农业现代化对实现中国国家现代化起到举足轻重的支撑作用。农业现代化需要在提高农业生产力、发展现代农业产业、改善农村基础设施等多方面下功夫,是中国式现代化建设不可或缺的重要内容。同时,中国广袤的乡村地区拥有丰富的资源和独特的生态环境。发挥好这些优势,对实现农业产业升级,保护生态环境,提升生活品质,促进经济持续健康发展,提高国民生活水平具有重大意义。因此,在乡村振兴战略的指导下,中国政府采取了一系列政策措施,推动农村经济发展,改善农村社会事业,加强农村基础设施建设,保护农村生态环境,提高农民生活水平,实现城乡经济社会协调发展。因此,解决好"三农"问题,推进农业农村现代化,是中国式现代化建设的重中之重,必须高度重视并作为优先发展方向。这对实现中华民族伟大复兴中国梦具有重大战略意义。

二、乡村振兴的中国内涵

乡村振兴战略的提出和推进在中国特色社会主义进入新时代的背景下具有重要意义。2018年"两会"期间,习近平总书记提出了推动乡村产业振兴、人才振兴、文化振兴、生态振兴和组织振兴的目标。随后,中共中央、国务院发布的《乡村振兴战略规划(2018—2022年)》进一步明确了要科学有序地推动这五个方面的振兴工作。在2022年的中央农村工作会议上,习近平总书记再次强调了全面推进这五个振兴,统筹部署、协同推进的重要性。乡村振兴战略作为一个系统工程,涵盖了经济、社会、环境、文化等多个方面,其目标是实现乡村经济社会全面发展,建设现代化美丽新农村。具体来说,乡村振兴战略的内涵包括以下五个方面。

(一)乡村产业振兴——构建中国现代化农业体系

在我国农业发展进入新阶段的背景下,乡村振兴面临着新的发展要求和建设目标。这涉及生产方式、组织方式、管理方式等方面的质的变化。乡村振兴战略旨在加快构建现代农业产业体系、生产体系、经营体系,实现农村一二三产业的深度融合,推动农业由增产导向转向提质导向。乡村振兴战略的核心之一是构建现代农业体系。这意味着要在农业生产、农村经济中引入现代化的理念、技术和管理方式,推动农业从传统农业向现代农业的转变。通过推广先进的农业技术,提高农业生产效率,改善农产品质量,增加农民收入。乡村振兴战略强调要推动农村一二三产业融合发展,提升农村产业链的水平。这需要将传统的农业生产与现代服务业相结合,培育农村新兴产业,增加农村的经济增长点。乡村振兴战略强调要加强农业科技创新能力。通过推动农业科技创新,引入先进的农业科技成果,提高农业生产的科技含量,实现农业的可持续发展。为了支持乡村振兴,需要加强农村基础设施建设,包括道路、供水、供电等基础设施的改善,提升农村居民的生活品质和生产环境。乡村振兴战略强调要培育新型农业经营主体,包括家庭农场、合作社、农民专业合作社等。这些新型农业经营主体可以带动农村产业的发展,提供更多就业机会。乡村振兴的目标之一是促进农民增收。通过发展现代农业、培育农村新兴产业、提供农村就业机会等途径,提高农民的收入水平。乡村振兴战略还强调要加强农村社会治理,提升农村社区的服务水平,改善农村居民的生活环境。乡村振兴战略在我国农业发展新阶段的背景下,通过推动现代农业建设、产业融合发展、农村科技创新等多个方面的举措,旨在实现乡村地区的全面发展和现代化建设,提高农民的生活水平和幸福感。

(二)乡村人才振兴——补充可持续动能

乡村振兴非常注重加强农村人才支持和培养,这对提高农村人才素质和创新能力极为关键。政府应推动农村教育和培训体系建设,吸引和培养优秀人才到农村工作与创业,为乡村振兴注入新的发展动力。当前,人才匮乏是我国农村难以实现可持续发展的重要难题,农村留守老人和农村妇女等农业生产者难以适应当前生产力发展和市场竞争中的高要求。推进乡村人才振兴,就是要留住农村优秀人才、吸引外部人才回乡、引进社会优秀人才下乡,用精英人才的聚集来加强和保障乡村振兴的前进,以增强农业农村的可持续发展动能。乡村人才振兴可以通过两条基本路径实现,一为人力资本开发,二为财政项目推动。人力资本开发居首要位置,有助于在乡村形成全面流动的人才、土地、资金,使产业汇聚,实现乡村生产要素间的良性循环。现代化农业体系建设必须实现乡村人才振兴,利用现代化科技等方式提高农业建设效率,如农村电商、智能远程识别、云端放养管理等,形成"互联网"农业应用产业链,助力农业发展。乡村人才振兴十分关键,单靠政府自上而下的外部援助难以有效激活乡村发展,运作成本高,协作难度大,农村本地缺乏配套人才队伍保障。同时,在加强顶层设计自上而下推动的同时,绝不能放弃以农民为主体的首创振兴路径。要实施好乡村振兴人才培育和支撑计划,培育新型职业农民,加强农村专业人才队伍建设,吸引更多社会人才投身乡村建设。

(三)乡村文化振兴——重拾乡村土壤力量

我国农村地区的文化建设滞后严重,在快节奏的新时代并未形成连续接轨效应,不能与城镇文化共同发展。虽然我国农耕文明源远流长,且具有极丰富深厚的农业人文情怀和乡村土壤情结,但在城市化迅速发展的今天,现代城市文明正与乡村文明融会贯通,形成新的乡村土壤文化力量。推动乡村文化振兴,就是要深入挖掘我国千年以来传统农耕文化中蕴含的深刻思想、人文精神、道德尺码,结合时代要求,在保护传承的基础上创造性转化、创新性发展,使乡村焕发文明新气象,更好地满足农民精神文化生活需求。在乡村振兴中,文化振兴是一个非常关键的方面,既要传承发扬乡村优秀传统文化,又要赋予其当代气息,提升乡村文明程度。在振兴举措上,要加强农村思想道德建设和公共文化建设,加强农村公共文化服务体系建设,丰富农民精神文化生活,培育文明乡风、良好家风,传承乡村优秀传统美德。发展特色乡村文化产业,让文化成为振兴的动力。保护和利用乡村人文资源,发展乡村旅游。推动乡村文化创新发展,提升乡村文化软实力。中华文明植根于农耕文化,乡村是文明的基本载体。发展乡村文化,既能满足农民精神文化新需求,也有利于传承民族优秀传统,是乡村振兴的重要组成部分。

(四)乡村生态振兴——保卫宜居生态家园

我国地方农业发展仍然以粗放型增长为主,既给农产品质量安全带来极大风险隐患,也会使农业污染造成的损害难以修复。因此要将生态问题作为农村基本问题之一,把生态家园建设作为重点项目建设。推动乡村生态振兴,就要加快农业转型升级,减量并有效使用农业化学投入物,实现农作物秸秆、畜禽粪污等资源化利用和农用薄膜回收利用,充分发挥农业特有的生态功能,让农业成为生态产品的重要供给者,让良好生态成为乡村振兴的重要支点,打造让农村百姓宜居乐业的美丽生态家园。推动乡村生态振兴就是要推进农业农村绿色发展,加快农村人居环境整治。绿色理念是乡村生态振兴的关键一环,"绿水青山就是金山银山"的生态理念深入人心,但还应落实到具体政策上,如取消农业生产资料综合补贴,实施耕地地力保护补贴等。在农业结构布局上,应更加注重农林牧渔结合,在农村粮食主产区并行建设养殖业、渔牧业,使农业主副产品共同协调发展形成生态循环链,帮助农民扩大收入渠道,提高多方面的收益效益。这样不仅有利于农民,而且能够满足消费者对农产品的高质量需求。推动乡村生态振兴,要加强农村污水、垃圾等突出环境问题综合治理,改善农村人居环境,推进农村"厕所革命",完善农村生活设施,补齐农村生态环境建设短板,让乡村成为生态涵养的主体区。一些地方通过发展绿色农业和整治人居环境,不仅使村民精神风貌焕然一新,促进了乡村文化振兴,而且环境变美了,吸引了游客和建设者,推动了乡村产业振兴和人才振兴。乡村振兴强调生态文明建设,推动了农村生态环境保护和修复。近年来,中国农业绿色发展取得显著成效,生态环境治理成效明显,美丽乡村建设日益推进。这为乡村振兴奠定了坚实基础。乡村生态振兴具有重要性,它既是生态文明建设的需要,也是乡村振兴的内在要求,必须高度重视乡村生态建设和环境保护。

(五)乡村组织振兴——保障农村基层组织建设

乡村组织振兴,对于健全乡村治理体系、确保乡村社会充满活力而和谐有序,具有极其重要的意义。乡村组织振兴是乡村振兴战略中的重要内容,特别体现在乡村治理、党组织建设和农村基层自治等方面。党组织是乡村建设的主心骨,必须建立健全党委领导、政府负责、社会协同、公共参与、法治保障的现代乡村社会治理体制,这是乡村振兴的基础。这种体制能促进党和政府的领导作用,调动社会力量,加强公众参与,确保乡村治理更加高效、有序和全面。村民自治在管理和服务村民事务及带领农民致富方面具有积极意义,但现在农村中的年轻党员较少,部分农村党组织难以有力集中,难以发挥绝对的核心领导作用。加强农村基层党组织建设是关键,这需要大力培养优秀的党员和干部,带头建设乡村,强化党组织的核心力量。要不断完善村民自治制度，规范民主选举程序，健全村民议事、办事、监督等农村党组织管理机制，提升农村自治的质量，更好地适应乡村发展需求。乡村组织振兴不仅关系到党的领导能力，还与其乡村治理和发展能力直接相关。农村党员队伍建设是保障农村党组织发挥核心作用的重要方面。在乡村振兴中，要选拔培养一支具有理论水平、实践经验、创新能力的农村党员队伍，选拔培养乡村青年带头人，壮大后备力量，以便更好地引领农村发展。在乡村组织振兴过程中，法治建设和德治水平同样不可忽视。健全法律法规体系，促进农村法治德治协同发展，在治理乡村社会中形成有效的社会管理机制。乡村振兴战略涉及多个方面的改革和建设，其中党组织建设、农村自治、法治建设等是确保乡村发展的关键因素。加强这些方面的工作，可以促进乡村社会的全面振兴，实现乡村经济、社会、文化的协调发展。

三、乡村振兴的中国目标

实施乡村振兴战略的总目标是实现农业农村现代化。2019年3月8日习近平在参加十三届全国人大二次会议河南代表团审议时发表讲话："乡村振兴是包括产业振兴、人才振兴、文化振兴、生态振兴、组织振兴的全面振兴，实施乡村振兴战略的总目标是农业农村现代化，总方针是坚持农业农村优先发展，总要求是产业兴旺、生态宜居、乡风文明、治理有效、生活富裕，制度保障是建立健全城乡融合发展体制机制和政策体系。"

2018年1月2日，中共中央、国务院印发《中共中央 国务院关于实施乡村振兴战略的意见》，提出：到2020年，乡村振兴取得重要进展，制度框架和政策体系基本形成。2018年9月，中共中央、国务院印发《乡村振兴战略规划（2018—2022年）》，提出：到2020年，乡村振兴的制度框架和政策体系基本形成，各地区各部门乡村振兴的思路举措得以确立，全面建成小康社会的目标如期实现。这是乡村振兴自上而下、框架定基的阶段，已经顺利完成。

2021年1月4日，中共中央、国务院印发《中共中央 国务院关于全面推进乡村振兴加快农业农村现代化的意见》，提出：到2021年，乡村振兴有巩固有进步。巩固部分，粮食播种面积保持稳定、生猪产业平稳发展，脱贫攻坚成果持续巩固。农业供给侧结构性改革深入推进,农业农村现代化规划启动实施,脱贫攻坚政策体系和工作机制同乡村振兴有效衔接、平稳过渡,乡村建设行动全面启动。进步部分,农产品质量和食品安全水平进一步提高,农民收入增长继续快于城镇居民,农村人居环境整治提升,农村改革重点任务深入推进,农村社会保持和谐稳定。这是乡村振兴在基本框架下的稳中求进,先巩固稳定,后深入推进,保证乡村振兴建设成果在扎实根基中前行。

2018年9月,中共中央、国务院印发《乡村振兴战略规划(2018—2022年)》,提出:到2022年,乡村振兴的制度框架和政策体系初步健全。其中包括现代农业体系初步构建、农村一二三产业融合发展格局初步形成、城乡统一的社会保障制度体系基本建立、城乡融合发展体制机制初步建立、现代乡村治理体系初步构建。另外,在国家粮食安全保障水平、农民收入水平、农村基本公共服务水平、乡村治理能力等方面进一步提升。同时,探索形成一批各具特色的乡村振兴模式和经验,乡村振兴取得阶段性成果。这一目标已经基本完成。

2021年1月4日,中共中央、国务院印发《中共中央 国务院关于全面推进乡村振兴加快农业农村现代化的意见》,提出:到2025年,农业农村现代化取得重要进展,现代农村产业体系基本形成,乡村建设行动取得明显成效,乡村面貌发生显著变化,乡村发展活力充分激发,乡村文明程度得到新提升,农村发展安全保障更加有力,农民获得感、幸福感、安全感明显提高。2022年5月,中共中央办公厅、国务院办公厅印发《乡村建设行动实施方案》,提出乡村建设的行动目标,到2025年,乡村建设取得实质性进展,农村人居环境持续改善,农村公共基础设施往村覆盖、往户延伸取得积极进展,农村基本公共服务水平稳步提升,农村精神文明建设显著加强,农民获得感、幸福感、安全感进一步增强。

2018年1月2日,中共中央、国务院印发《中共中央 国务院关于实施乡村振兴战略的意见》提出:到2035年,乡村振兴取得决定性进展,农业农村现代化基本实现。这一目标的完成预示着我国农村现代化已达到较高的水平,农村居民的生活水平相当丰富,我国农业现代化水平至少达到发达国家水平。《中共中央 国务院关于实施乡村振兴战略的意见》,提出:到2050年,乡村全面振兴,农业强、农村美、农民富全面实现。这一目标是乡村振兴建设的终极目标,全国范围内的"三农"问题得到解决,在我国实现社会主义现代化的同时,达到最美乡村的终极形态。

第二节
乡村振兴与中国式现代化品牌建设

中共中央、国务院印发的《乡村振兴战略规划(2018—2022年)》中提到,要培育提升农业品牌。品牌是农业竞争力的核心标志,是高质量发展的重要表征,也是现代农业发展的重要引擎,更是乡村振兴的关键支撑。当前,"质量兴农、品牌强农"已经成为加强农业供给侧结构性改革、提升农业竞争力和实现乡村振兴的战略选择。在新发展阶段,高质量推进乡村振兴,需要深化品牌理念,把品牌意识转化为高质量发展的要求,贯穿于乡村振兴全过程,要坚持"守底线、抓衔接、促振兴"的主基调,高质量推动巩固拓展脱贫攻坚成果,高质量推进乡村振兴开新局。乡村品牌是我国农业高质量发展的重要标志,在我国重点实施品牌强农战略和乡村振兴战略下,我国乡村企业的品牌意识大大增强,品牌数量快速增长,品牌效益显著提升,为助推农业转型升级、提质增效提供了有力支撑。加快乡村品牌打造,要切实发挥乡村品牌在全面推进乡村振兴,加快农业农村现代化发展中的重要作用。

一、中国乡村的品牌化建设

中国乡村建设呈现品牌化趋势。自2013年初,农业部(2018年改为农业农村部)在全国范围内推出美丽乡村创建活动,各地积极探索和实践不同的美丽乡村建设模式,涌现出许多充满特色的典型案例。这些案例被总结为十大美丽乡村创建模式,分别是:产业发展型、生态保护型、城郊集约型、社会综治型、文化传承型、渔业开发型、草原牧场型、环境整治型、休闲旅游型和高效农业型。不同的模式代表不同类型乡村在自然资源、经济发展、产业特点、文化传承等方面的独特条件下,成功构建美丽乡村的途径和经验。这些模式的基本特征和发展规律为全国各地在美丽乡村建设过程中提供了有益借鉴,使各地乡村逐渐打造出适合自己发展的乡村品牌,进而将美丽乡村建设推向更高水平,实现乡村振兴的目标。品牌化建设在乡村振兴中起到关键作用,与农业供给侧结构性改革有紧密联系,农企成功发展的方向就是农业发展的品牌化。在市场经济的竞争中,拥有品牌的企业更有可能长期生存。在全面推进乡村振兴的进程中,品牌化建设不仅能提升农业产业和农产品的附加值,增加农民的收入,还将推动我国从农业大国向农业强国的转变。品牌化建设将有助于提高农村经济的竞争力,促进农业的可持续发展,实现乡村振兴的目标。

(一)计划经济阶段:山西大寨村

在计划经济阶段,我国乡村发展模式主要表现为"自然生长+精神象征"。在这个时期,诸多乡村的发展更注重解决贫困问题和强调精神层面的价值,而非市场竞争的动机因素在其中起到了重要作用。这种模式的代表是山西省大寨村。大寨村的发展模式是中国乡村发展历史上的典型,尤其是在20世纪上半叶,大寨村实行的是"人民公社"制度,以集体经济和集体主义为基础,强调共同生产、共同富裕,追求根本消除贫困,以及精神层面的价值观。这种发展模式下,乡村发展的动机主要源自集体主义的理念,强调团结、互助、共同奋斗,着重于摆脱贫困,改善农民生活,提升精神文化水平。在这种背景下,乡村往往通过集体劳动、合作社等方式,以集体利益为导向,发展农村经济和社会事业。然而,随着时代的变迁,中国乡村的发展也经历了从计划经济时代到市场经济时代的转变。市场经济的兴起带来了更多个体创业和市场竞争的机会,也带来了不同的发展理念和模式。现代乡村振兴更加注重多元化发展,包括农业产业升级、乡村旅游、特色产品开发等,同时也强调生态环境保护和文化传承。虽然大寨村的发展模式在当今社会环境下已不再普遍适用,但它仍是一个历史的见证,反映了计划经济时代乡村发展的特点和价值观。现代乡村振兴更需要综合考虑市场经济、可持续发展、创新等因素,以满足不同时期和地区的发展需求。

(二)工业化转型阶段:江苏华西村

在工业化转型阶段,乡村的发展往往以工业化转型为主导,注重经济的高速发展。这种模式可能在追求经济增长的同时,对乡村的生态环境和传统文化产生一定影响。江苏省华西村体现了这种乡村发展模式。华西村位于苏州市,是中国改革开放初期的一个标志性案例。在20世纪80年代,华西村通过大力发展乡村工业,特别是纺织工业,迅速实现了经济的快速增长。这使得华西村成为当时全国乃至全球最富裕的乡村之一。然而,这种工业化模式在取得经济成功的同时,也产生了一些问题,比如环境问题。工业化转型通常伴随着环境污染问题。在华西村的发展过程中,工业污染对当地的环境和生态系统造成了不可忽视的影响。这种环境代价可能会导致长期的生态问题,影响到未来的可持续发展。又比如文化和社会问题。追求工业化发展可能使乡村失去原有的传统文化和社会价值。传统农村的社会结构和价值观可能受到冲击,导致社会矛盾和文化断裂。另外,过度依赖某一产业,尤其是重工业,可能使乡村产业结构单一化。一旦主导产业受到市场波动或技术变革的影响,乡村经济可能会受到重大冲击。过度的工业化可能导致乡村土地被过度地工业化使用,减少了农田和自然生态的空间,可能影响粮食安全和生态平衡。尽管华西村的发展模式在当时取得了一定的经济成就,但这也警示着,在追求经济发展的同时,需要平衡经济、环境和社会的关系。现代乡村振兴更加注重全面发展,包括经济、生态、文化等多个方面,以实现可持续的乡村发展。不同乡村应根据自身的实际情况,找到适合的发展路径,既考虑经济增长,也注重生态保护和文化传承。

(三)美丽乡村阶段:浙江安吉

在美丽乡村阶段,浙江安吉坚持绿色发展,将农业产业作为建设支撑,成功建设"中国美丽乡村",带头迈入美丽乡村新时代。2005年8月15日,时任浙江省委书记习近平在浙江省安吉县余村考察时首次提出"绿水青山就是金山银山"的科学论断,这成为浙江省安吉县在乡村建设中一以贯之的精神理念。浙江省安吉县致力探索三产联动、城乡融合、农民富裕、生态和谐的科学发展道路,打通了绿水青山和金山银山的转化通道,成为宜居、宜业、宜游的中国美丽乡村典型代表。2019年,安吉共接待国内外游客2800多万人次,旅游总收入达388.24亿元。旅游业成为安吉的新兴支柱产业。2020年,全县休闲农业与乡村旅游总产值达46.6亿元,游客接待人次1056万,营收21.48亿元。浙江安吉美丽乡村建设以其独特的理念和成功经验成为乡村振兴的典范。在顶层设计与规划方面,安吉县制定了《安吉县建设"中国美丽乡村"行动纲要》和《安吉县"中国美丽乡村"建设总体规划》,明确了全县的美丽乡村建设目标和路径,使其成为全县乡村振兴的总抓手。在主体责任分工方面,安吉美丽乡村建设以村为主体,村庄作为责任单位,赋予村党支部和村委会更多的权力和责任,实现"村村优美、家家创业、处处和谐、人人幸福"的目标。在考核激励机制方面,安吉县建立了严格的考核制度,对美丽乡村建设进行量化考核,明确考核指标和评价标准,将考核结果与奖补资金挂钩,鼓励村庄积极参与建设。安吉在乡村建设中采取了循序渐进的方式,先解决群众最关心、最迫切的问题,逐步推进,通过获得感赢得民心,再推进更大的目标。安吉注重发展绿色产业,推动乡村经济的转型升级,鼓励发展民宿、农产品等,推动乡村旅游的发展,实现农民就业增收。通过这些做法,浙江安吉成功实现了乡村振兴的综合目标,不仅改善了人居环境,还提升了乡村治理水平和村民的生活质量。安吉的美丽乡村建设经验为其他地区提供了宝贵借鉴,尤其是生态环境保护、社会参与、文化传承以及经济可持续发展等方面,都具有积极的启示意义。

(四)品牌化阶段:贵州村超

贵州村超作为乡村品牌的典型,展示了一种创新的品牌化建设路径。这种路径强调乡村振兴可以从一个比赛或活动出发,运用差异化战略,引领整个乡村实现市场化和品牌化发展。这种方式不仅仅是从乡村内部出发,更是一种通过吸引外界注意力的手段,将乡村的独特价值和魅力展示出来,以此推动乡村振兴。乡村振兴通过打造一个引人瞩目的品牌活动,如比赛或特殊活动,吸引大量的目光和参与者。这种活动不仅是宣传和推广的途径,还可以成为乡村发展的催化剂。通过强调乡村的独特性,差异化战略有助于其在竞争激烈的市场中脱颖而出,塑造具有吸引力和认知度的品牌。当一个乡村品牌成功打响后,它不仅仅是一种商业标识,更代表了一种特殊的价值和文化。这种品牌化的乡村形象可以吸引更多游客、投资者和居民前来,从而实现乡村振兴的目标。同时,这种方法也能在全国范围内推广,为其他乡村品牌的品牌化建设提供借鉴和参考。贵州村超的实践表明,创新和差异化战略在乡村振兴中具有重要作用。这不仅为乡村带来了发展经济的机会,还激发了乡村居民的创新活力和企业家精神,从而共同推动了乡村的全面发展。

二、中国式现代化的乡村振兴品牌建设

品牌反映的是消费者对产品的质量品质、售后服务、文化价值的一种认可度。品牌,是企业文化的载体,是企业竞争力的核心组成部分,也是赢得市场的重要资源优势。品牌具有一定的经济价值,是一笔重要的无形资产。在市场经济中,品牌竞争力是一个企业能够区别于或领先于竞争对手的核心能力。品牌化是农业现代化的重要标志。品牌化建设是乡村振兴的重要抓手,是深化农业供给侧结构性改革的着力点。品牌农业是农企发展的方向。没有品牌的企业很难经受住市场经济的风雨考验而长久生存。在全面推进乡村振兴的进程中,品牌化建设不仅能提升农业产业和农产品的附加值,增加农民收入,也必将进一步推动我国从农业大国向农业强国的转变。

(一)中国乡村品牌建设目标

2022年7月29日,国家发展改革委等部门印发《关于新时代推进品牌建设的指导意见》,指出我国品牌建设的阶段性目标。第一,到2025年,品牌建设初具成效,基本形成层次分明、优势互补、影响力创新力显著增强的品牌体系。第二,到2035年,品牌建设成效显著,形成一批质量卓越、优势明显、拥有自主知识产权的企业品牌、产业品牌、区域品牌,布局合理、竞争力强、充满活力的品牌体系全面形成。在新时代品牌建设的大目标下,我国乡村振兴品牌建设的小目标也应循序渐进,从初步建设品牌体系到形成卓越自主的区域品牌。在乡村品牌方面,要打造提升一批精品区域公用品牌、绿色优质农产品品牌、具有核心竞争力的合作社品牌、家庭农场品牌和农业领军企业品牌以及新型

农业服务品牌。中国乡村品牌的建设重点在于充分发挥我国乡村地区特色文化和资源，通过品牌建设推动乡村经济的现代化发展，这不仅能提高乡村地区的经济效益，更有助于传承和发展乡村文化，提升乡村形象，实现农民的全面发展和乡村的可持续繁荣。

(二)乡村振兴与现代化品牌的结合

乡村振兴战略旨在推动农村经济和社会发展，提高农民生活水平，通过改革创新和产业发展，促进农村经济社会的全面进步。而中国式现代化品牌建设则是通过整合资源、提升产品质量和市场竞争力，打造具有影响力和竞争力的品牌，旨在塑造具有国际竞争力的中国品牌形象。乡村振兴与现代化品牌建设密不可分，相互促进，共同推动了农村经济的发展和农民的增收，二者相互结合迸发出新的活力与动能。

1. 资源空间互助

乡村振兴战略为现代化品牌建设提供了广阔的发展空间和支撑。乡村振兴应在乡村特色产业和优势资源上重点发展。现代化品牌建设倡导通过整合资源、提升产品质量和市场竞争力，打造具有影响力和竞争力的品牌。乡村振兴提供了品牌建设的资源基础和市场需求，而现代化品牌建设则为乡村振兴提供了实现农业现代化和乡村产业升级的重要路径。乡村振兴以农业农村农民为重点，通过新式乡村理念的创设与贯彻，为品牌建设提供了丰富的农产品资源和市场需求，在资源利用与市场空间发展上为品牌建设提供了助力与动能。在乡村振兴背景下，农产品不再仅仅是简单的原材料和生产品，而是可以通过品牌化、差异化、个性化等方式，被赋予了独特的附加值和市场竞争力的资源。企业通过积极参与乡村振兴，可以进一步拓展市场份额，提升品牌知名度，实现品牌的可持续发展。品牌建设同时也提高了乡村振兴战略的实施效率与进度，在全面实现农业现代化与农民生活富裕的目标上加快了脚步。乡村振兴为品牌建设开辟了新的空间，以往城市是一个新兴品牌起步发展的起点，而乡村振兴带来的乡村空间则为品牌建设提供了"农村包围城市"的新式道路，使品牌的发展和壮大不再局限于城市选址、城市依托、城市分类等，而是从品牌的理念定位、消费者定位、市场定位等方面开辟新的乡村路径,这对我国现代化品牌建设有重大意义,对我国乡村振兴战略的全面实施也意义非凡。

2.产业结构互补

乡村振兴推动了农村产业的升级与创新,为农村品牌建设创造了新的产业发展点。品牌成为企业提升产品附加值、树立行业口碑的重要方式,同时还能为农村形象塑造和推广作出贡献。通过推动农业供给侧结构性改革、实现农村一二三产业融合发展、推进现代农业科技创新等举措,农村产业结构迎来新的调整和发展机遇,传统农业将转向现代农业,农村经济将朝着多元化和多层次的方向发展。在这个过程中,企业可以通过技术创新、品牌建设等手段,推动农产品加工、农村旅游等新兴领域的发展,为农村带来新的经济增长点。品牌不仅仅是单一发展路径,更是融合多元产业、多元技术、多元职业的复合型存在,农业发展不仅仅要在农业上下功夫,更要在工业、服务业等相关附属产业上用功夫,形成以农业为支柱、以一二三融合产业为环绕的综合产业结构,增强农村农业的抗风险能力与综合发展能力,带动更多就业、娱乐、消费等。

3.绿色文化互享

乡村振兴战略提倡的文化传承与绿色发展理念对我国品牌的可持续发展来说具有重要意义,二者在绿色文化理念上具有共享的价值。乡村地区拥有丰富的自然资源和独特的人文景观,为企业提供了良好的产品基础,可以为品牌提供丰富的元素和素材。同时,乡村振兴也倡导绿色、可持续发展,注重生态环境的保护和可持续发展。企业在积极参与乡村振兴中,注重环境保护和可持续发展,能够树立企业负责任的社会形象,提升品牌的社会价值和认可度。此外,乡村振兴还鼓励农村文化的传承与创新,为我国品牌建设提供丰富的文化资源。我国拥有悠久的乡村文化传统,乡村振兴战略强调传承和弘扬中华优秀传统文化,建设具有地域特色和民族特色的乡村文化品牌。通过将中华优秀传统文化元素融入产品设计、品牌宣传等方面,企业能够打造具有独特魅力和文化内涵的品牌形象,实现品牌的差异化竞争。绿色文化理念的互享,不应仅仅体现在口号宣传上,还应体现在乡村振兴与品牌建设的每一个环节,在活动创办与执行上,始终以文化为支撑价值,处处不离文化,处处彰显文化。

乡村建设需要品牌化发展,品牌发展需要拓宽乡村渠道,二者站在同一面旗帜之下。乡村振兴与中国式现代化品牌建设在资源空间、产业结构、绿色文化等方面相互渗透、相互支撑,具有互利性。乡村振兴为企业提供了广阔的市场空间和优质资源,推动了农村产业的创新发展,而中国式现代化品牌建设则可以通过塑造品牌形象、创新产品设计,以及通过产品差异化、品牌化和营销推广等方式与手段获得更高的附加值,提高农民收入和乡村经济的发展水平,助力乡村振兴,推动我国经济的全面发展和构建现代化的国家形象。

(三)走中国式现代化乡村品牌建设之路

习近平总书记强调,要"推动中国制造向中国创造转变、中国速度向中国质量转变、中国产品向中国品牌转变"。注重品质提升、品牌打造,走好"质量兴农、品牌强农"的乡村振兴品牌化建设之路,讲好品牌故事,传播好乡土文化,必将进一步拓展农业产业的发展空间,让更多农业品牌成为名牌、走向世界,助力乡村振兴不断向纵深推进。

1.人才是核心

乡村振兴,人才是根本,乡村振兴的核心就是人才振兴,乡村品牌建设的核心就是人才建设。人才是乡村品牌建设的领军者和引领者。高素质的乡村人才,能够充当品牌建设的策划者、组织者和引领者,能在品牌战略规划、品牌定位、品牌传播等方面发挥重要作用。人才是乡村品牌建设的实践者和执行者。各类技术人才、管理人才等都是品牌建设的直接实践者,通过他们的实际工作来推动品牌价值的实现。人才是乡村品牌中的文化因素。人才的知识结构、价值观念会植入品牌内涵,成为品牌文化的重要组成部分。人才是乡村品牌的传播使者。乡村人才可以通过各种渠道讲好乡村品牌故事,传播正能量,拓展品牌影响力。人才是乡村品牌竞争力的源泉。人才的创新创意是品牌核心竞争力的来源,也决定了品牌的可持续发展能力。人才团队的凝聚力影响品牌合力。人才团队的向心力、战斗力直接影响品牌的竞争实力。在乡村振兴过程中，人们对品牌的认可实际上是对品牌所承载的文化的认同，人作为文化的创造者和传播者，直接影响着乡村振兴品牌化建设的质量和进程。乡村振兴需要多领域人才的支持，通过政策措施吸引人才回流或流入乡村，并持续完善基础设施和文化建设，以增强人才对美丽乡村的认同感。政府可加大政策支持力度，解决外部人才的引进问题，并为其提供良好的发展环境。这种综合性的支持将促进乡村振兴，并提升品牌的影响力与认可度。

2.商誉是关键

在现代化品牌建设中，商誉是由品牌凝结而成的，其对于乡村振兴品牌化建设具有重要意义。一方面，乡村振兴需要有明确的标准和规范来引领品牌建设，形成行业中具有代表性的高质量的产品商誉保证。规范合理的评价体系和认证标准，可以引导农业的高质量发展，衡量和评价农产品的品牌价值，构成最基本的商誉。例如，在农产品认证方面，不断完善绿色、有机、无公害等认证标准，建立健全的质量安全检验检测体系和溯源机制，能够确保农产品的质量安全，进而促进乡村品牌化建设。另一方面，商誉也体现在乡村品牌的社会形象和责任建设中。乡村品牌需要通过保护和修复生态环境、推动绿色发展等方式，赢得社会的信任和赞誉。在乡村拥有丰富的自然环境资源的情况下，发展绿色农业和生态旅游等产业，打造绿色品牌，不仅能提高农产品的品质和安全性，也能满足现代消费者对绿色、有机、健康的需求，增加产品的附加值和市场竞争力。这种积极的品牌建设将为乡村品牌积累社会信誉，提升品牌的社会形象和责任形象，为商誉的提升作出隐性贡献。商誉在中国式现代化品牌建设和乡村振兴品牌化建设中扮演重要角色。明确的标准和规范能引领品牌发展，同时，注重生态环境保护和绿色发展，也能提高乡村品牌的社会形象和责任形象，从而为乡村振兴中品牌化建设奠定基础。

3.创新是重点

中国式现代化的乡村振兴品牌建设强调科技创新和智能化发展。随着科技的不断进步，我国乡村振兴可以应用先进的科技手段和智能化技术，提高农业的生产效率和产品质量，实现农业的现代化。例如，精准农业技术可以通过精确施肥、农药喷洒、灌溉等手段，减少资源浪费，提高农作物的产量和质量。

品牌建设可以借助互联网、大数据、人工智能等技术,进行市场营销、品牌推广和消费者服务,提供个性化的产品和体验,满足不同消费群体的需求。创新不仅仅是科技创新,也包括文化挖掘和应用上的创新。我国乡村拥有悠久的历史和丰富的文化资源,挖掘乡村的历史文化、民俗风情、传统工艺等独特元素,可以打造具有中国特色的乡村品牌。这样做不仅能够塑造与众不同的品牌形象,也能够激发农民的自豪感和归属感,促进文化传承与发展,增加乡村旅游和文化创意产业的收入。科技创新与智能化发展是中国式现代化乡村振兴中品牌建设的重要驱动力。结合互联网、大数据等技术工具,加强品牌传播与推广,以及注重乡村文化的挖掘与应用,可以进一步提升乡村品牌的影响力和竞争力,推动乡村振兴进程。

中国式现代化的乡村振兴品牌建设以人才为核心、以商誉为关键、以创新为重点,在文化传承、生态环境保护、合作共赢和科技创新等路径上综合发展,不仅能够推动乡村经济现代化,而且能够长期保持乡村的独特魅力和特色风貌,进一步提高农民的生活质量,增强农民的获得感、幸福感、安全感。中国式现代化乡村品牌的建设为乡村经济的可持续发展和乡村社会的和谐稳定提供了重要支撑,对我国全面迈向现代化具有重要意义。

第三章
乡村振兴品牌建设的理论基础

- 乡村振兴品牌概述
- 乡村振兴品牌建设的核心要素
- 乡村振兴品牌与知识产权
- 乡村振兴品牌体系

品牌是品质的代表，也是产品的代名词，其指代的不仅仅是一个企业，更是产品之上的口碑、特色、价值，是一种产品发展的核心要素。乡村振兴品牌是属于乡村的，是属于广大农民的，因此，需要从乡村出发，寻找其创立、建设、发展、评价的理论体系，也需要从品牌视角为乡村建设提供新的出路，以实现农业、农村、农民上的中国式现代化目标。贵州村超的品牌建设是我国乡村振兴品牌建设的成功典范，有必要研究其背后的理论基础，为更广泛、更多元的乡村品牌建设作出贡献。本章以贵州村超为例，重点分析乡村振兴品牌的概念、理论基础、核心要素、知识产权应用、品牌建设体系等内容，旨在全面探究乡村振兴的品牌建设，形成体系化认识，为我国广大乡村振兴挖掘新的建设路径。深入研究乡村振兴品牌建设，为我国广大乡村振兴提供新的建设路径和经验，将有助于推动乡村经济的发展、促进农民增收，实现农村现代化和乡村振兴的目标。

第一节
乡村振兴品牌概述

乡村振兴品牌建设是乡村振兴战略的重要组成部分，对实现乡村社会全面发展、经济持续繁荣具有重要意义。在乡村振兴战略背景下，乡村建设需要通过品牌化建设提升乡村形象、挖掘乡村特色资源、促进产业发展和乡村经济的现代化发展，打造具有中国特色的乡村品牌，赋予乡村品牌新的内涵，以此推动农村经济转型升级，实现乡村社会的全面发展和可持续繁荣。

一、乡村振兴品牌的定义

定义乡村振兴品牌要从定义品牌入手。品牌的定义可以从不同的角度进行解释,整体来看,品牌是指一个产品、服务或公司的独特标识、名称、符号、设计或任何其他特征的组合,旨在与竞争对手的产品或服务相区分,并在消费者心目中建立独特的认知和情感连接。如美国营销学者Kotler认为,品牌是消费者对一种产品或服务的综合认知,由品质、形象、声誉、广告和推广等因素共同构成。综合而言,品牌指代一个无形且独特的身份形象符号,通过特定标识、特定理念、特定产品服务在长期的市场竞争中不断积累商誉,从而获取更多的竞争优势。品牌的目标是在市场中树立良好的声誉和认知,从而吸引和留住消费者,并在长期发展中获得竞争优势。从品牌的定义出发,乡村振兴品牌是指在乡村振兴战略指导下形成的乡村综合品牌,是某个乡村地域构建的具有地域特色、文化特色与群体特色的能够区别于其他乡村产品或服务形象的综合符号,范围覆盖农产品品牌、乡村活动品牌、地理标志品牌等多个领域。乡村振兴品牌的建设是一个系统工程,需要综合整合各个方面的资源,通过设计、定位和推广等手段,打造具有认知度、美誉度和竞争力的乡村品牌。品牌附加乡村价值,会迸发出新的力量。

二、乡村振兴品牌的特征

乡村振兴品牌属于品牌的一个子类,具有品牌的一般特征,比如识别性、价值性、竞争性等。同时,乡村振兴品牌也具有一般品牌之外的独立属性与特征。乡村振兴品牌具有以下特征。

(一)区域特色性

乡村振兴品牌表现出地域上的特殊性和差异化,在品牌项目中更加强调地域文化、历史传承和地域经济特点。不同地区的乡村振兴品牌根据当地乡村的风俗特色打造具有地域气息和定位的品牌形象,突出各自的民族特点与文化传统。每个乡村都有独特的人文景观、传统民俗、农业特产等,通过凸显这些特色,可以形成与众不同的乡村品牌形象。品牌最重要的是差异化,一个具有独立特色和独立风格的品牌才能在市场竞争中走得更远,因此,在乡村文化的加持下,乡村振兴品牌在品牌定位与品牌理念的设定上具有天然优势。乡村振兴品牌在充分利用乡村自身的地域、历史、文化和自然资源条件下,挖掘和整合特色资源,打造具有独特性和地方特色的品牌。不同的形象认知与竞争价值能更加凸显品牌的差异化与识别性,也可以吸引消费者驻足停留,加快提升品牌的认知度和美誉度。乡村的区域特色使品牌的差异化价值更容易挖掘与开发,更能够形成新的品牌力量。

(二)社会参与性

乡村振兴品牌建设需要广泛动员社会各界的力量,特别是农民、企业、地方政府和社会组织等,形成多方参与的合力。社会各界的积极参与可以丰富品牌的内涵,推动品牌的创新和发展。农民是乡村振兴的主体,是农产品的生产者和经营者,农民的深度参与对品牌建设至关重要。农民对乡村文化、传统和资源有着独特的了解,可以提供宝贵的品牌元素和创意。农民还可以积极参与农产品加工、品牌推广和市场拓展,提升产品的竞争力和附加值。企业在乡村振兴品牌建设中担当重要角色。企业可以提供市场营销、品牌策划和产品研发等方面的专业知识和技术支持。同时,也可以作为品牌推广和销售的渠道,帮助乡村品牌进入更广阔的市场。地方政府在乡村振兴品牌建设中具有组织和协调的作用,可以为品牌建设提供政策支持、资源整合和项目扶持等。地方政府还可以扮演品牌推广的主要角色,通过举办农产品展销会、乡村旅游推广活动等,提升乡村品牌的知名度和影响力。社会组织如行业协会、非营利组织和农村合作社等,在品牌建设中也扮演着重要的角色,它们可以促进资源整合、经验分享和技术培训,帮助农民和企业提升品牌管理能力和市场竞争力。通过广泛动员社会各界的力量,乡村振兴品牌建设可以得到更多的创意和资源支持,这不仅能丰富品牌的内涵,也能推动品牌的创新和发展。多方合作也有助于形成共识,协调各方利益,并确保乡村振兴品牌的长期建设和发展。

(三)绿色公益性

乡村振兴品牌建设需要注重可持续发展,在推进经济发展的同时,保护乡村的自然资源和文化遗产,避免产业过度开发和环境破坏。乡村振兴品牌注重乡村生态保护、农业可持续发展和文化传承,品牌建设与乡村可持续发展相互协调。乡村的自然环境和生态系统是乡村品牌的重要组成部分。在品牌建设中,应采取措施保护水源、土壤、森林、湿地等自然资源,推动可持续农业和生态农业的发展,避免因过度使用化肥、农药等而对环境和生态造成影响,保护生态平衡和生物多样性。在绿色品牌之外,乡村振兴品牌也应注重可持续发展。乡村振兴的核心是农业发展,乡村振兴品牌通过推广有机农业、绿色农业和循环农业等模式,减少农业生产对环境的负面影响,提高农产品的质量和安全性。此外,农民还可以通过农产品品牌化和农产品加工,提高农产品的附加值和增加收入。因此,相比更注重经济价值的普通品牌,乡村振兴品牌在公益价值上的表现更为突出。如贵州村超的去商业化,在实现了公益属性最大化的前提下,减少品牌本身的经济属性,并通过带动周边产业的方式提高全乡村的经济价值,以此振兴全域乡村。

三、乡村振兴品牌的价值共创

价值创造不是单向的,而是双向的。作为创造者的企业与作为消费者的顾客之间存在诸多互动与合作,各自为品牌创建与建设发挥了重要作用,共同价值成为品牌发展的关键,价值共创理论应运而生。在价值共创理论中,企业与消费者不再是简单的单向关系,而是合作伙伴。在乡村振兴品牌建设中,可以应用价值共创理论来建立品牌与乡村居民、游客和其他利益相关者的紧密合作关系。各方共同参与乡村品牌的塑造和推广,可以发挥各方的专业知识和资源,共同创造乡村品牌的核心价值。乡村振兴品牌建设是在一个价值共创的生态系统中进行的,政府、企业、行业协会和消费者都是农产品区域品牌建设的核心利益相关者,乡村振兴品牌建设的协同共建过程就是品牌价值的共创过程。在乡村振兴品牌的价值共创中,不同的建设主体具有不同的利益诉求、资源禀赋和核心能力,这决定了品牌建设主体在共创过程中扮演的角色和采取的行为。乡村振兴品牌的价值共创主要受乡村资源优势的推动,以及相关者利益诉求的实现所引起的共创意愿的影响。共创意愿能够推动各利益相关者采取共创行为,促进品牌效应的提升。而品牌效应的提升又能进一步促进品牌建设者的利益诉求最大化,从而推动不同建设主体之间的共生演化,协同共建乡村振兴品牌[1]。

(一)共创意愿

行为意愿是指个体在实际行动之前表现出的愿望和动机,其强烈程度通常可以反映个体采取行动的可能性。如果个体对某种行为的意愿越强烈,他就更有可能采取相应的行动。在乡村振兴品牌建设中,如果品牌建设主体具有高度的共创意愿,即愿意与其他主体协同共建,那么他们会更积极地参与品牌建设并为品牌建设提供更大的支持。共创意愿越高越能推动区域品牌建设主体之间的协同合作,促进资源共享、互助和协调,从而有效地推进品牌的建设与发展。除了个人行为意愿外,他人意愿或社会整体意愿也会对个体行为产生极大影响。当个体感知到周围环境中其他人期望他们采取某种行动或社会规范要求他们采取特定行为时,他们更有可能采取一致意愿下的行动。在乡村振兴品牌建设中,如果乡村振兴品牌建设主体感知到其他合作伙伴或社会各界对共创行为的期望和规范,那么他们可能更倾向于积极参与共建行动,原因在于品牌建设主体更希望与其他主体保持良好的合作关系,遵循共创的价值观念,共同享受与品牌建设相关的利益。在价值共创理论中,个体的行为意愿对于其采取行动的可能性具有重要影响,共创意愿越高,乡村振兴品牌建设主体协同共建行为就越积极。此外,当个体感知到社会各界对共创行为具有一致的期望和规范时,他们可能更倾向于积极参与共建行动。

(二)利益诉求

利益诉求是乡村振兴品牌价值共创系统中各利益相关者的利益目标与追求,是建设主体参与乡村振兴品牌价值共创的原动力。在乡村振兴品牌协同

---

[1] 陆娟,孙瑾.乡村振兴战略下农产品区域品牌协同共建研究:基于价值共创的视角[J].经济与管理研究,2022,43(04):96-110。

共建系统中,各建设主体(包括政府、企业、行业协会和消费者)追求不同的利益目标。这些利益诉求是各建设主体参与农产品区域公用品牌价值共创的动力和动机。

第一,政府是品牌建设中的引导者,其利益诉求主要包括提高公共管理绩效,推动区域经济发展和乡村振兴,以及降低政府监管成本等。政府希望通过有效的管理和支持,促进农产品区域品牌的建设与发展,推动经济繁荣和社会进步。

第二,企业是品牌建设中的主推者,其利益诉求是提高经营绩效。企业参与农产品区域品牌建设,主要是为了提升自身的竞争力和市场份额,增加销售额和利润。通过参与品牌建设,企业可以提升产品品质、增强消费者对品牌的认知度和认可度,从而吸引更多的消费者,赢得市场机会。

第三,行业协会是品牌建设中的协调者,其利益诉求是完成协调职责。作为农产品区域品牌建设的组织者和推动者,行业协会承担着规范市场秩序、协调各方利益、促进合作与发展的责任。行业协会希望通过协调各方的合作,推动整个行业的发展,维护行业的权益和形象。

第四,消费者是品牌建设中的评价者,其利益诉求是评判产品以满足自身需求。消费者希望购买到品质优良、安全可靠的农产品,以满足自身的各种需求。他们对农产品区域品牌的认可和支持是基于对产品质量、安全性和可持续性的信任。

乡村振兴品牌发展的关键在于实现各建设主体的利益诉求。为实现这些利益诉求,需要有效利用区域资源和提升区域品牌效应。丰富的自然资源、良好的区位优势、鲜明的产业特色、深厚的人文历史和独特的农耕文化等决定了区域农产品的品质与特色,有助于提升区域农产品品牌的知名度和识别度。同时,利用区域资源优势不断扩大生产规模、形成产业集聚和规模化生产,可以加快乡村振兴品牌的发展并获得市场绩效。优越的区域资源能提升区域品牌的市场绩效,促进品牌建设主体利益诉求的实现。

(三)协同共建

乡村振兴品牌的区域性与共建性特征,决定了乡村振兴品牌的建设要在一个价值共创的生态系统中进行。在乡村振兴品牌建设过程中,各利益相关者共同参与创造价值,因此也应共享创造的价值。通过合理分配和分享创造的经济、社会和生态价值,可以激励各利益相关者积极参与和投入。共创意愿则决定了建设者在农产品区域品牌共创中所扮演的角色和参与行为。价值共创即协同共建,共创意愿即协同共建的意愿,共创行为即协同共建的行为。在农产品区域品牌的建设过程中,各利益相关者通过协同共建,共同创造价值并实现各自的利益诉求。乡村振兴品牌的协同共建可以对区域品牌效应产生直接的正向影响,各利益相关者的资源整合和服务交换,可以实现共创价值,促进区域农产品品牌的发展,并产生一系列品牌效应。协同共建对于企业降低经营成本具有直接的正向效应,也有助于推动区域的产业升级,促进产业集群的形成和发展,以此提升消费者对区域品牌农产品的购买意愿,增加消费者对产品的购买量与消费量。在协同共建过程中,不仅仅要实现价值的创造,也要实现价值的公平分配与共享。这涉及如何制定合理的利益分配机制,以确保各利益相关者在价值创造中能够获得相应的回报和利益,包括利润分享与价格机制、建立合作伙伴关系等。此外,也可以通过建立良好的合作与搭建合作平台,促进各利益相关者之间的互动与合作,共同分享资源、经验和机会。一个有效的共享创造价值的机制可以激发各利益相关者的积极性和创造力,使他们更有动力参与乡村振兴品牌建设,从而实现乡村的可持续发展和共同繁荣。

四、乡村振兴品牌的融合创新

乡村振兴战略的实施在推动乡村振兴品牌的协同共建中发挥着调节作用,这不仅体现在国家层面上的系统规范与积极推动,也体现在乡村要素与品牌要素的融合创新上,最大限度地将乡村特色融入品牌建设的过程之中,共同打造中国特色的乡村振兴品牌。

(一)乡村面貌与品牌形象的融合

品牌建设可以提升乡村形象。乡村振兴战略致力于改善农村面貌,提升乡村形象。而品牌建设可以通过打造独特的乡村品牌形象,塑造乡村的新形象,传递乡村的魅力和特色。发展乡村品牌化是乡村振兴的重要现实路径之一,通过将乡村面貌转化为品牌符号,并将其推广宣传至广大社会,能够使乡村品牌打出知名度与美誉度,成功为建设现代化乡村服务。同时,乡村面貌具有多元价值与复杂面向,需要通过个体符号浓缩群体象征,将庞大体量的乡村凝聚为脍炙人口、广为人知的品牌形象,这样更有助于乡村振兴品牌的传播,也有助于吸引更多的消费者、投资者进入乡村,共同建设乡村。例如,通过建设具有地方特色的农产品品牌、特色小镇品牌、乡村旅游品牌等,可以吸引更多的人关注和参与乡村发展,提高乡村的知名度和美誉度,打造独特的乡村品牌形象,塑造乡村的新形象,传递更多的乡村魅力和特色。

第一,在品牌定位方面。乡村与品牌的融合能够凸显乡村的自然环境、文化传统、特色产业等,能根据不同地区的资源禀赋和特点,打造具有个性化的品牌形象,进而形成乡村的独特风貌和特色。

第二,在资源整合方面。乡村与品牌的融合可以整合乡村的自然、人文和社会资源,将乡村的自然景观、历史遗迹、特色产品等资源与品牌形象紧密结合,形成有吸引力的品牌形象,并充分发挥其在吸引游客、投资和人才方面的作用。资源整合的目的是提供优质的乡村产品和服务,包括农产品、旅游体验、文化活动等方面,以此树立乡村品牌的良好口碑和形象,促进品牌的认知度和影响力的提升。

第三,在主体参与方面。乡村面貌需要村民、政府、社会组织等各方协同建设,并致力于同一个乡村理念与乡村目标,这与品牌建设的道路是一致的。

乡村与品牌的融合更加强调乡村居民的参与以及共同价值观的塑造,通过与社区合作、培养社区意识和参与感,使乡村居民成为品牌的忠实拥护者和传播者,形成共同推动乡村振兴的合力。

(二)乡村产业与品牌服务的融合

乡村振兴不仅要农业振兴,也要多元产业振兴。要实现农村产业的转型升级,就要通过品牌建设帮助乡村产品和产业走出去,拓宽销售渠道,进一步提升产品的附加值,推动乡村产业的发展和壮大。品牌是产品或服务核心竞争力的体现,可以为乡村的产品和服务赋予独特的特点和竞争力,提升其市场竞争力。

第一，融合发展促成多元产业。单一的乡村产业建设容易导致定位的缺失，无法充分利用当地特有资源形成复合型产业，品牌服务的融合能够最大限度地拓宽产业范围，延长产业链条，能够根据当地乡村特有的资源条件、优势产业和市场需求来确定品牌产业的发展方向，综合带动农副产品加工、乡村旅游、生态农业、农村电商、文化创意产业等多产业发展。

第二，融合发展整合和优化产业链条。乡村产业与品牌服务的融合更加注重整合和优化产业链，有助于实现资源的高效利用和增值，包括从农业生产到产品加工、销售和服务等环节的有机连接，形成完整的产业链条，提高产品的附加值和市场竞争力。

第三，融合发展推动技术创新。同时，在品牌管理过程中，乡村产业建设可以引进和应用新技术，提升农业生产和加工水平，提高产品质量和附加值，利用现代化农业技术、数字化管理、物联网技术、智能制造等，以此带动产品质量升级与服务创新，推动农业现代化和乡村产业转型升级。通过融合发展，乡村产业致力于提高产品质量，保证产品的可靠性和一致性。同时，通过创新，可以开发出具有乡村特色和差异化的产品，从而提升竞争力。

第四，融合发展拓宽销售渠道。品牌建设需要通过有效的市场推广和销售渠道来传播品牌形象与吸引消费者，乡村产业与品牌的结合可以最大化利用线上和线下的销售渠道，如电子商务平台、特色店铺、农产品展销会等，以品牌商誉带动多渠道消费升级。

第五，融合发展增强服务体验。乡村文化容易陷入封闭，难以"走出去"实现开放发展，品牌建设的驱动力可以为乡村提供服务路径，吸引消费者体验乡村文化，并带动乡村服务升级。

通过融合，乡村振兴品牌可以将乡村内部的传统特色文化与品牌外部的个性化服务相结合，为消费者创造与众不同的体验，提升品牌价值和消费者忠诚度。

(三)乡村文化与品牌经济的融合

乡村振兴不仅关注经济发展，也注重乡村文化的传承和保护，通过品牌建设,可以将乡村的文化元素融入品牌形象和推广活动中,传承乡村的历史和传统,弘扬乡村的文化精神,也可以加强乡村居民对乡村文化的认同感和自豪感,激发其参与乡村振兴的热情和动力。

第一,文化融合创新品牌理念。在乡村品牌建设中,融合乡村文化的特点能够给品牌注入独特的魅力和价值。乡村文化包含着独特的符号、传统和故事,可以将这些元素融入品牌形象设计中。通过标志、名称、包装等展示乡村文化元素,品牌可以具备地域特色和独特风格,增加识别度。

第二,文化融合创新品牌推广。乡村的特色文化活动和节庆众多,将其与品牌推广相结合,能够吸引更多消费者的参与和关注。例如,在传统节日或农事活动中开展品牌推广活动,举办文化展览、艺术表演或体验活动,将品牌推广与乡村文化相结合,提高品牌影响力和知名度。

第三,文化融合创新品牌IP。在乡村文化资源的深度挖掘下,可以打造富有故事性和吸引力的乡村文化IP(知识产权),利用传统手工技艺、民俗文化、乡村历史等创建品牌文化作品,并通过文创产品、游戏、绘画等周边产品的设计进行品牌延伸和推广。

第四,文化融合创新品牌需求。乡村特色的文化活动和景观有助于拓宽品牌经济的开发渠道,打造乡村文化体验项目、文化旅游线路以及特色农家民宿等,可以吸引旅客游览乡村,体验特色乡村文化,将品牌经济与游客需求结合起来,推动品牌的传播和发展。

五、乡村振兴品牌的价值目标

乡村振兴品牌建设的核心目标是通过品牌形象营销和品牌价值传递,打造具有认知度、美誉度和竞争力的乡村品牌,从而吸引资金、企业和人才资源向乡村聚集,推动乡村发展。这不仅包括商品和农产品品牌的建设,也包括乡村旅游、文化创意产业和特色小镇等方面的品牌建设。

(一)打造乡村品牌形象

乡村振兴品牌建设需要通过有针对性的品牌策划、设计和传播,打造乡村的品牌形象,方法包括找准品牌定位和市场定位,塑造品牌故事和品牌形象,设计品牌标识和品牌体系,以及利用多种媒体渠道进行品牌宣传和推广等。积极有效的品牌传播,可以增强消费者对乡村品牌的认知和好感。品牌建设可以通过打造独特的乡村品牌形象,塑造乡村的形象和价值观念。通过品牌建设,乡村可以以自己独特的文化底蕴、历史传承、自然景观和特色产业为基础,打造具有地方特色和市场竞争力的品牌形象,提高乡村品牌的知名度和美誉度。这有助于吸引更多关注和投资,推动乡村的发展和振兴。

(二)推动乡村产业发展

乡村振兴品牌建设的目标之一是通过品牌推动产业发展和经济转型,整合和优化农村产业链条,推动农业的现代化和多元化发展,打造有竞争力的乡村产业品牌,提高农产品的附加值。同时,通过积极发展乡村旅游、文化创意产业和乡村特色小镇等新兴产业,提升乡村经济的整体竞争力和发展活力。以旅游业为例,品牌建设可以为乡村旅游提供有效的推广和宣传手段,塑造具有吸引力和竞争力的乡村旅游品牌。打造独特的乡村品牌,可以吸引更多游客到乡村旅游,提升乡村旅游的知名度和吸引力,带动旅游产业的升级发展,推动旅游收入的增长,促进乡村经济的繁荣。品牌为乡村产品和产业赋予了独特的竞争力,提升了其市场竞争力,拓宽了产品销售渠道,增加了产品附加值,推动了乡村产业的发展和壮大。由此带来的品牌影响力和知名度可以吸引更多的消费者和合作伙伴,带动乡村经济的发展,提高农民的收入水平。

(三)挖掘乡村文化资源

乡村振兴不仅关注经济发展,也关注乡村文化的传承和保护。每个乡村都有其独特的地域、历史、文化和自然资源。乡村振兴品牌建设需要挖掘和整合这些特色文化资源,打造具有地方特色和地方文化元素的品牌形象。例如,充分利用乡村的农产品、传统工艺、民俗活动等特色资源,打造具有地方特色的农产品品牌或文化节庆品牌,带动乡村产业的发展。品牌建设可以将乡村的文化元素和传统价值融入品牌形象和推广活动中,传承乡村的历史和传统,弘扬乡村文化的精髓。品牌建设,可以加强乡村居民对本土文化的认同感和自豪感,激发乡村居民参与乡村振兴的热情和动力。同时,品牌的传播与宣传,可以让更多的人了解和关注乡村文化,促进乡村文化的传承和发展。

(四)培育农民主体意识

乡村振兴品牌的目标之一是充分发挥农民的主体作用,培育农民的品牌主体意识和创业激情,让普通农民参与到品牌建设中来,让普通农民发挥自己的优势和创意、展示自己的才华和努力,成为乡村振兴品牌的创造者和推动者。倡导农民合作社、农业龙头企业等组织形式,鼓励农民参与品牌建设,分享品牌增值效益,实现农民增收和乡村经济的共同发展,增强农民的自信心和获得感。参与品牌建设,可以增强农民的责任感和归属感,激发他们对乡村振兴的热情和动力。只有唤起农民的主人翁意识,才能更有力地建设本土乡村,缩小城乡差距,让农民过上舒适的乡村生活。

(五)实现乡村全面振兴

乡村振兴品牌建设是乡村振兴战略实施的重要内容,对于实现乡村社会的全面发展和乡村经济的可持续繁荣具有重要意义。打造有特色、可持续发展的乡村振兴品牌,可以改善乡村形象,获得更多的投资,吸引更多的人才到乡村发展,推动农村经济的转型升级,促进乡村社会的全面发展。乡村振兴是一个重要的国家战略,而品牌建设则是乡村振兴的重要支撑和推动力量。乡村与品牌的结合能够增强品牌的独特性和竞争力,同时也为乡村的文化传承和经济发展提供机遇。这种结合不仅能够推动乡村振兴战略的发展,还能够提升乡村居民的文化认同感和自豪感,促进乡村的全面可持续发展。

第二节
乡村振兴品牌建设的核心要素

乡村振兴品牌建设的核心要素有创新要素、文化要素、资源要素、智慧要素和技术要素。这些要素相互关联、相互支撑，共同构建和塑造乡村振兴的品牌形象与核心竞争力。

一、创新要素

创新是乡村振兴品牌建设的核心要素之一。乡村振兴需要通过创新来解决产业升级、农村发展转型等问题。乡村振兴品牌的创新要素包括意识创新、产品创新、技术创新、营销创新和管理创新等。不断引入新的理念、新的技术和新的模式，可以提升乡村品牌的竞争力和吸引力，满足消费者的需求，并为乡村经济注入新的活力。在实施乡村振兴战略过程中，需要重视创新要素的引入和应用，激发乡村的创新潜能，为乡村经济的繁荣和可持续发展提供有力支持。

（一）意识创新

意识创新是乡村振兴品牌最尖锐的创新武器，固守传统的守旧意识将无法找到新的出路，必须走在时代前沿，吸取时代新风，创新时代意识，使品牌思维面向未来、面向世界。乡村振兴品牌的意识创新必须以优良的产品与服务为基础，使其为理念加持，引领品牌生产者提高农产品的质量与数量，充分为消费者服务，建设具有中国特色的乡村品牌。品牌意识创新在于讲好品牌故事、树立品牌理念、塑造品牌形象，在品牌的意识引领方面下功夫。

1.要做好产品意识创新

生产符合消费者需求的农产品是建设乡村振兴品牌的中心,必须通过产品才能将乡村特色资源、文化相结合,形成独特的乡村品牌优势,提高乡村核心竞争力。

2.要做好品牌管理意识创新

信誉度是品牌建设的关键所在,信誉需要权威部门的管理和民众的监督认可。乡村振兴品牌管理需要建立顶层设计,包括激励机制、标准指标、注册权威、检测流程、评估体系和品牌保护等方面的严谨管理系统,充分发挥政府的组织管理作用,与社会全体公民达成监督管理共识,促进乡村振兴品牌的可持续发展。

3.要做好标准意识创新

品牌打造需要一定的标准与指标,既要制定适合我国国情的标准体系,形成我国特有的资源品牌、文化品牌、特色品牌优势,又要与国际接轨,参与国际农业品牌标准制定,形成中国乡村带动全球乡村的风潮趋势。这些意识和举措将有助于提升农产品品牌的品质、信誉和国际竞争力,进而推动乡村振兴和实现建成中国特色农业强国的目标。

4.要做好国际意识创新

相比国际乡村品牌,我国乡村品牌仍存在差距,数量少且分散。要实现高质量发展,建设农业强国,不仅需要大量品牌,更需要体现中国特色、中国品质、中国文化的高质量乡村品牌。乡村振兴品牌的发展目标应结合国内外市场需求,打造体现中国特色、品质和文化的乡村品牌,推动乡村走出去,引领全球乡村建设。

(二)产品创新

产品创新是乡村振兴品牌建设中的重要创新要素之一。乡村经济的发展离不开具有竞争力和市场需求的产品和服务。研发和推出符合市场需求的独特产品,可以增加消费者的购买欲望和忠诚度。产品创新可以体现在农产品品种改良和培育、产品种类创新、旅游产品创新等。

1.农产品品种改良和培育

乡村振兴品牌要打破传统,对传统农产品进行品种改良和培育,提高其品质、产量和市场竞争力,以优质产品面向市场。比如,对农作物的选育和种植技术进行改进,培育出适应市场需求、抗病虫害能力强的新品种,满足消费者对安全、营养和多样性的需求。

2.产品种类创新

乡村振兴品牌可以通过对农产品的种类进行创新,开发出独特的加工产品,增加其附加值和市场竞争力。比如,深加工农产品,将其制成便利食品、保健品或特色农副产品,增加产品的多样性和创新性,以吸引更广泛的消费群体。

3.旅游产品创新

乡村振兴品牌需要创新旅游产品,打破旅游消费同质化,形成独特而有吸引力的农村旅游产品,融合当地传统文化习俗,吸引各方游客来乡村旅游。比如,农家乐、乡村民宿、农业观光、农家采摘等,结合特色农产品和农业文化,打造出独特的乡村旅游体验。通过产品创新,乡村品牌能够满足消费者的多样化需求,提高产品的附加值和市场竞争力,从而在市场竞争中占据一席之地。产品创新不仅能带动乡村经济发展,还能提高当地农民收入,促进乡村振兴。因此,乡村品牌建设不仅要重视产品创新,还要不断提高产品的品质、技术,增强其独特性,以满足市场和消费者的需求。

(三)技术创新

技术创新是乡村振兴品牌建设中不可或缺的创新要素,是实现乡村振兴的关键驱动力之一。技术创新可以提升乡村的生产力和竞争力。农业技术的创新可以提高农产品的产量和质量,降低生产成本。此外,技术创新还可以支持乡村产业的升级和转型,如推动乡村电商的发展、发展乡村互联网+产业等。

1.农业生产技术创新

通过引入新的农业技术和装备,农民可以提高农业生产的效率和产量,如先进的种植技术、灌溉系统、农业机械化等。技术创新可以改善土壤质量、增加农作物耐候性、减少病虫害等,从而提高农产品的产量和质量。

2.信息技术融合创新

将信息技术与农业相结合,推动智慧农业的发展,如利用远程监测和控制系统,农民可以实时监测土壤湿度、气候条件、作物健康等信息,科学调控农作物的生长环境。此外,利用物联网、大数据和人工智能等技术,可以提升农产品的溯源能力和供应链管理水平,增加产品的可追溯性和安全性。

3.乡村产业升级创新

技术创新可以支持乡村产业的升级和转型,推动乡村经济发展。通过发展农村电商平台,可以将农产品直接销售给城市消费者,打破传统销售渠道的限制,促进农产品的流通和增值。同时,发展乡村互联网+,推动农业与其他产业的融合,可以培育新的农业产业,创造出更多就业机会和经济增长点。技术创新是实现乡村振兴的关键驱动力之一,乡村振兴品牌建设需要注重技术创新,鼓励农民采用新技术、新装备,提高农业生产的效率和可持续发展的能力。

(四)营销创新

营销创新是乡村振兴品牌建设的另一个重要创新要素。提升乡村振兴品牌的知名度和影响力,需要有效的营销策略和手段,包括品牌定位策划创新、市场营销方式创新、营销通路拓展创新、营销活动与品牌推广活动创新等。可以充分利用互联网、移动互联网等新的媒介和渠道,通过社交媒体、在线销售平台等进行农产品的推广和销售,提高乡村品牌的曝光度和市场份额。

1.品牌定位策划创新

精准的品牌定位,可以将乡村品牌的独特价值和优势凸显出来,吸引目标消费者和游客的关注。针对不同的乡村品牌,可以选择不同的定位策略,如强调自然风景、历史文化或农产品特色等,以打造独具魅力的乡村品牌。

2.市场营销方式创新

乡村振兴需要寻找创新的市场营销方式,以吸引更多的消费者和游客参与。社交媒体成为广泛使用的渠道,通过社交媒体平台可以进行品牌推广、分享乡村故事、展示乡村生活,激发用户的兴趣和购买欲望。此外,可以利用数据分析和个性化推荐技术,根据用户的喜好和需求提供定制化的产品和服务,增强消费者的消费体验。

3.营销通路拓展创新

乡村振兴可以通过拓展营销通路来扩大品牌的覆盖面和市场份额,互联网和移动互联网技术的发展为乡村品牌提供了更多的销售渠道,可以通过建立农产品电商平台、合作线上销售平台等,将优质的乡村产品推向全国甚至全球市场。此外,还可以通过农产品展销会、农民集市、农庄民宿等线下活动,直接与消费者互动,提升品牌形象,加强产品体验。

4.营销活动与品牌推广活动创新

创新的营销活动与品牌推广活动有助于吸引更多的目标消费者和游客。乡村振兴可以结合乡村文化、传统节庆等元素,设计具有吸引力和互动性的活动,以吸引游客前来体验乡村生活和特色文化。此外,与城市景点、旅游线路的联动推广,打造乡村旅游的特色产品和线路,也是提升乡村品牌知名度和影响力的有效方式。营销创新需要充分了解目标消费者和游客的需求,深入挖掘乡村资源和特色,与不同的利益相关方合作,形成多方合力。同时,政府和相关部门可以为乡村品牌营销提供政策支持、资源投入和培训指导,激励乡村企业家和农民参与创新创业,推动乡村振兴品牌的建设和发展。此外,营销活动和品牌推广活动的创新也可以吸引更多的消费者和游客,推动乡村旅游和特色农产品的发展。

(五)管理创新

管理创新也是乡村振兴品牌建设中的重要创新要素,通过管理创新,可以提高乡村组织的管理效率、服务质量和决策水平,推动乡村振兴品牌的建设和发展。

在乡村振兴过程中,传统的管理模式和机制难以适应新的挑战和需求。因此,需要引入先进的管理理念和方法,进行管理创新,包括优化组织架构、建设农村合作社、推广农民专业合作社等。

1.优化组织架构

乡村振兴品牌建设过程中,需要对各方的组织功能进行重新评估和优化,对乡村组织的结构和职能进行重新分配,建立更为灵活高效的组织结构,创新决策和管理机制,加强各级组织之间的协同与合作,提升乡村组织的管理效率。

2.建设农村合作社

发展农村合作社是乡村振兴品牌建设的一项重要举措。通过合作社模式,农民可以集中资源,共同参与农业生产和经营,实现规模效益。要从合作社的组织管理、经营模式创新、农产品加工和销售等方面,提升合作社的服务质量和经济效益。

3.推广农民专业合作社

农民专业合作社是农村经济组织的新模式,通过整合农民的专业技术与资源,实现农民之间资源共享和优势互补。要从专业合作社的组建与管理、农民技术培训与创新能力提升等方面,促进合作社的良性发展,推动农民增收致富。

管理创新,可以提升乡村组织的管理效率,优化资源配置,提高服务质量,增强决策水平,有助于打造乡村振兴品牌,提升乡村产业的竞争力和可持续发展能力。同时,管理创新也可以提高农民参与乡村振兴的积极性,激发他们的内生动力,推动乡村振兴的全面发展。鉴于管理创新在乡村振兴中的重要性,政府和相关机构可以制定支持政策,提供培训和咨询服务,帮助乡村组织和农民更好地进行管理创新,推动乡村振兴的成功实施。

二、文化要素

乡村振兴是一个涉及经济、社会、文化等多个领域的综合性战略,文化要素在乡村振兴品牌建设中扮演着重要的角色。每个乡村都具有独特的历史、传统和文化,挖掘乡村文化资源,打造具有地域特色和文化内涵的品牌,可以增强乡村品牌的辨识度和认同感。同时,文化要素也涉及保护和传承乡村文化的工作,可以通过开展文化活动、创新文化产品等形式,让乡村品牌更具深厚的文化底蕴,提升品牌的品质和价值。乡村振兴品牌建设的文化要素包括挖掘与传承中华优秀传统文化、乡土文化的创新发展、打造旅游文化以及发展创意文化。

(一)挖掘与传承中华优秀传统文化

中华优秀传统文化的挖掘与传承是乡村振兴品牌建设的重要文化要素之一。乡村拥有丰富的中华优秀传统文化资源,如民间工艺、非物质文化遗产等,这些中华优秀传统文化是乡村的独特魅力和传统优势所在。挖掘与传承乡村的中华优秀传统文化,可以打造具有文化底蕴和民族特色的乡村品牌。

1. 中华优秀传统文化资源的挖掘

乡村的中华优秀传统文化资源广泛而丰富,包括传统民居、民俗节庆、传统手工艺、口述传统、乡土信仰等。挖掘这些资源需要深入了解和研究,收集相关的物质和非物质文化资料,记录和保存传统技艺、经验和知识。

2. 中华优秀传统文化的非遗保护

保护和传承乡村的中华优秀传统文化需要加强文化遗产保护意识,推动非物质文化遗产的申报与保护、传统手工艺的传承等。同时,鼓励乡村居民,特别是年轻一代参与中华优秀传统文化的学习和传承,举办相关培训和活动,激发他们对中华优秀传统文化的热爱和认同。

3. 中华优秀传统文化的现代融合

中华优秀传统文化的挖掘与传承需要与现代社会的需求和文化消费相结合。创新的展示形式和体验方式,如民俗展示、传统手工艺体验、非遗表演等,可以将中华优秀传统文化与现代旅游、艺术、设计等元素相结合,打造具有吸引力和独特性的文化产品和体验,增强乡村品牌的吸引力。

4. 中华优秀传统文化的品牌建设

中华优秀传统文化的挖掘与传承需要与乡村品牌建设相结合,形成整体品牌形象和故事。整合乡村的历史文化、传统技艺和特色产品等要素,可以建立有特色、有故事的乡村品牌。多种渠道和媒体宣传,如旅游宣传、社交媒体、线上线下活动等,可以传播乡村品牌的文化内涵和独特魅力,吸引游客和消费者的兴趣和参与。

(二)乡土文化的创新发展

乡土文化的创新发展是乡村振兴品牌建设的文化要素之一。乡土文化是指乡村特有的地方文化,包括方言、民风民俗、乡土建筑等。在乡村振兴中,保护和发展乡土文化具有重要意义。创新乡土文化,可以让乡村品牌与众不同,具有独特的地域特色。

1. 重视乡土文化保护

乡村品牌建设要重视方言的保护与传承,记录当地的民风民俗、口述历史和习俗等,以确保这些宝贵的乡土文化不被遗忘和消失。同时,要通过各种方式如文化文物保护、非遗项目挖掘与传承等,保护和传承乡土文化与技艺。

2. 创新乡土文化应用

乡土文化的创新发展需要结合现代设计理念与实践,打造独具特色的乡村品牌。可以在乡村建设中融入传统乡土建筑风格,通过与现代建筑技术和可持续发展理念的结合,创造具有时代感和乡村风情的建筑景观。此外,乡土文化还可以在乡村旅游、特色产品开发、文化创意产业等方面得到应用与转化,通过新颖的设计和创意,将乡土文化与现代需求相结合,形成独特的乡村品牌。

3. 弘扬乡土文化特色

乡土文化的创新发展应该突出地域性特色,体现乡村的独特魅力。每个乡村都有自己独特的地理环境、历史文化和人文风貌,应该通过乡村振兴品牌建设,展示这些地域特色,如节庆活动、民俗表演、乡土美食等方式,吸引游客和消费者,让他们感受到乡村的独特之处。乡土文化的创新发展需要整合乡村居民、文化机构、旅游企业、设计师等多方力量,通过开展专业培训、举办文化活动、建立合作平台等,促进乡土文化产业的发展,形成中国乡村的全面振兴格局。

(三)打造旅游文化

文化旅游的打造是乡村振兴品牌建设的文化要素之一。文化旅游的打造是将乡村的自然风光、历史文化、乡土文化等融合在一起，打造具有吸引力和独特魅力的旅游目的地。乡村拥有独特的自然风光和历史文化，挖掘和开发乡村的文化旅游资源，可以吸引更多的游客和消费者前来旅游，从而推动乡村经济的繁荣和发展。

1. 挖掘旅游资源

乡村拥有丰富的自然和人文资源，包括自然景观、历史古迹、民俗传统、乡土建筑等。挖掘这些文化资源，将其整合为旅游产品，有助于吸引游客。例如，将乡村的传统节庆、民俗表演、手工艺制作等作为旅游项目，展示乡村独特的文化魅力，可以吸引游客前来旅游，带动餐饮、住宿等，从而增加农民收入，促进经济发展。

2. 打造旅游活动

举办文化节庆活动和文化展览等活动，是推动乡村文化旅游的重要手段之一。通过举办具有地方特色的节庆活动，如传统民俗庙会、农耕文化体验等，可以吸引游客和参与者，提升乡村品牌形象和知名度。同时，举办文化展览、艺术展览等活动，可以展示乡村的历史文化和艺术成就，增加游客的文化体验。

3. 体验旅游文化

为游客提供丰富多样的旅游体验，是文化旅游成功的关键。可以通过开展参观农田、体验乡村生活、品尝地道美食、参与传统手工艺制作等活动，让游客深入了解和体验乡村的文化。此外，还可以开发生态旅游和农业观光等项目，让游客近距离接触乡村的自然风光和农业生产，为其提供独特的旅游体验。乡村内部和与外部合作伙伴之间可以建立合作关系，在资源整合、推广营销、旅游服务等方面形成良好的合作机制，促进旅游业的协同发展，提升品牌影响力和市场竞争力。

(四)发展创意文化

文化创意产业的兴盛是乡村振兴品牌建设的文化要素之一。文化创意产业是将文化资源转化为具有经济价值的产品和服务的行业,乡村振兴可以依托乡村丰富的文化资源,发展文化创意产业,推动乡村经济的转型升级。

1. 文创产品制造

文化创意产业将传统文化与现代设计相结合,创造出独特的文创产品,如手工艺品、工艺纪念品、地方特色美食、民族服饰等,展现乡村独特的文化魅力。对农创产品注入新的元素和设计理念,能够提升乡村品牌的附加值和竞争力,并吸引更多游客和消费者。

2. 文创活动体验

除了产品开发,文化创意产业还可以通过举办文化创意活动和提供丰富的文化创意体验来吸引人们参与。例如,组织文化创意市集、艺术展览、手工课程等,为人们提供与乡村文化互动和体验乡村文化的机会。这样的活动不仅可以推广乡村品牌,还能够促进当地产业和经济的发展。

3. 文创组织合作

文化创意产业的发展需要加强乡村内外部协作,政府可以与设计师、艺术家、创意企业和文化机构等建立合作关系,共同推动文化创意产业的发展和乡村品牌的建设。资源整合、创意交流和市场拓展,可以提升乡村创意产业的竞争力。通过发展文化创意产业,乡村可以利用自身丰富的文化资源,将传统文化转化为具有经济价值的产品和服务,打造具有乡村文化特色的品牌。这不仅能够提升乡村产品的附加值和竞争力,也能够促进乡村振兴进程中的可持续发展。

三、资源要素

乡村振兴的品牌建设离不开各种资源要素的支持和保障。资源要素包括自然资源、人力资源、金融资源、科技资源和社会组织资源等。充分发挥乡村的地域特色和资源优势,打造具有特色的农产品品牌,可以吸引更多的消费者和游客,推动乡村经济的发展。此外,加大基础设施建设、资金支持等方面的投入,可以为乡村品牌建设提供有力的保障。在乡村振兴战略的实施过程中,要注重资源要素的合理配置和优化利用,为乡村振兴的品牌建设提供有力支撑。

(一)自然资源

乡村地域广阔,拥有丰富的自然资源。自然资源包括土地资源、水利资源、气候资源等。充分利用和保护好自然资源,是推动乡村振兴的重要基础。在品牌建设中,可以通过挖掘和开发乡村的自然资源,打造独具特色的乡村品牌。

1.自然风光资源利用

乡村拥有独特的自然风光和生态环境,可以依托其自然资源打造生态旅游品牌。例如,保护和修复乡村的湖泊、森林、山川等自然景观,开展生态旅游活动,如生物多样性保护、户外探险、登山徒步等,吸引游客前来,体验与自然亲近、享受放松和休闲的乡村生活。

2.农业生态资源利用

乡村以农业为主导产业,可以将农业与生态旅游相结合,打造农业生态旅游品牌。例如,开展农田观光、采摘体验、农事体验等活动,让游客亲身参与农业生产,感受乡村的田园风光和农耕文化。乡村的自然资源还可以用来发展生态农业,生产有机食品或绿色农产品,打造独特的乡村品牌。这些产品具有自然环保、健康无公害等特点,深受消费者青睐,既能满足消费者的需求,也能促进农民增收。

3.绿色资源可持续利用

在利用自然资源的过程中,需要注重保护和可持续利用。保护乡村的生态环境,合理规划资源利用方式,避免过度开发和破坏自然生态。同时,倡导对可持续农业和可再生能源的利用,推动低碳乡村建设,在保护环境的同时降低对资源的依赖。保护和可持续利用自然资源也是乡村振兴的长远战略,确保了乡村发展的可持续性和生态友好性。

(二)人力资源

乡村振兴需要大量的人力支持,包括农民、乡村企业家、乡村干部等,他们是乡村振兴品牌建设的主要力量和推动者。培养和引进具备相关知识和技能的人才,激发他们的积极性和创造力,加强对农民的培训和技能的提升,可以更好地推动乡村品牌的建设和发展,从而促进乡村振兴。

1. 培养懂乡村、知品牌的人才

乡村品牌建设需要对乡村有深刻了解、具备市场经营知识和品牌营销技能的人才。这些人才应具备农业领域的专业知识,了解乡村发展的机遇和挑战,能够制定有效的品牌策略和营销方案。

2. 创建人才激励机制

为了推动乡村品牌的建设和发展,需要建立激励机制,激发人才的积极性和创造力。要制定合理的薪酬和奖励机制,提供良好的职业发展和成长空间,吸引人才投身乡村振兴事业。

3. 加强农民技能提升

农民是乡村振兴的重要主体,可以通过开展培训课程、技能培训、示范推广等方式,提高农民的专业知识和技能水平,提升农民的创业能力和市场竞争力,让他们更好地从事农业生产、农村经营和乡村品牌建设。

4. 引进外部优秀人才

为了丰富乡村队伍,乡村振兴需要吸引优秀人才和外部资源。政策支持、引才计划、产业合作等方式,可以吸引具有乡村发展经验和专业技能的人才来到乡村,为乡村品牌建设提供支持和帮助。

(三)金融资源

金融资源对于乡村振兴品牌建设至关重要。金融支持可以为乡村品牌的建设提供资金支持和金融服务,促进乡村经济的发展。

1.金融资金支持

乡村振兴品牌建设需要资金投入,金融机构可以通过提供贷款和融资服务,帮助乡村企业和品牌获得所需资金。资金可用于品牌推广、产品研发、市场拓展等方面,促进乡村品牌的建设和发展。

2.金融风险管理

金融机构在乡村品牌建设中扮演着风险管理者的角色。金融机构可以提供信用担保、保险等金融产品,减轻乡村企业所承担的经营风险压力,促进其发展壮大。这种对风险的管理为乡村品牌的建设提供了保障,从而鼓励更多的投资者和企业家参与其中。

3.金融服务升级

乡村振兴需要金融机构提供创新的金融产品和服务。互联网金融、普惠金融等新兴金融模式,可以为乡村企业提供更高效、便捷的金融服务,满足其发展需求。此外,金融机构还可以根据乡村特点,开发特色的金融产品,如农村微贷、小额信用等,更好地支持乡村品牌的培育和壮大。

4.金融政策引导

政府可以通过出台相应的金融政策,为乡村振兴提供政策支持和制度保障,鼓励金融机构参与乡村市场,拓宽乡村品牌建设的融资渠道。政府还可以推动金融机构与乡村企业开展合作,建立良好的合作关系。

(四)科技资源

科技创新是推动乡村振兴的重要驱动力。在品牌建设中,科技创新可以提供技术支撑和创新引领,为乡村品牌注入新的活力和竞争力。乡村可以加强与科研院所等的合作,引进和培养科技人才,推动科技成果的转化和应用。应用新技术、新材料、数字化技术等,可以提升乡村产业的水平和效益,增强乡村品牌的核心竞争力。

1.与科研院所等合作

乡村可以积极加强与科研院所等的合作与交流,围绕乡村产业发展的具体需求,共同开展科技研究和项目合作。科研机构可以为乡村提供技术咨询、技术培训和科技项目支持,帮助乡村实现科技创新和品牌建设的目标。

2.人才培养引进

通过建立科技人才培养计划和创新人才引进机制,乡村可以吸引更多具有科技创新能力和经验的人才加入,也可以培养本地的科技人才队伍。科技人才的加入能够为乡村振兴品牌建设提供强有力的支持和推动力。

3.科技成果转化和应用

乡村注重科技成果的转化和应用,通过建立科技成果转化基地、科技企业孵化器等机构,促进科技成果与乡村产业的结合。应用新技术、新材料、数字化技术等可以提升乡村产业的生产效率、产品质量和创新能力,进一步增强乡村品牌的核心竞争力。

4.数字化转型

数字化技术在乡村品牌建设中也发挥着重要作用,借助互联网、大数据、人工智能等技术,乡村可以建立数字化平台,提升品牌形象、拓宽产品推广和销售渠道,数字化转型可以为乡村品牌提供更多的营销机会和发展空间。

(五)社会组织资源

社会组织包括非政府组织、基金会、社会企业等,各社会组织主体可以通过合作、联合等形式,为乡村振兴品牌提供支持和帮助。

1.公益项目合作

社会组织通常具有丰富的公益项目经验和资源,可以为乡村提供专业指导和支持,合作开展公益项目,从而帮助做好形象塑造。通过开展公益项目,乡村可以解决社会问题、改善民生,同时提升乡村品牌的社会认可度和美誉度。

2.专业服务支持

各领域的社会组织通常具备丰富的资源和专业知识,可以为乡村提供市场调研、品牌策划、营销推广等方面的支持,促进乡村产业的发展和乡村品牌的打造。同时,社会组织还可以帮助乡村企业与合适的合作伙伴进行对接,引进先进的技术和管理经验,提升乡村产业的竞争力和创新能力。

3.联合推广和品牌合作

社会组织可以通过联合推广和品牌合作的形式,帮助乡村打造和推广自建品牌,与乡村企业合作开展联合营销活动,共同宣传乡村特色产品和文化,提升品牌知名度和市场份额。此外,在品牌合作方面,社会组织还可以与乡村企业建立战略合作伙伴关系,共同开展品牌推广和市场开拓,实现互利共赢。

4.资金支持与项目合作

社会组织,特别是基金会,通常拥有一定的社会资本和资金渠道,可以通过资助项目和赞助活动的方式为乡村品牌建设提供支持。此外,社会组织还可以与乡村企业进行项目合作,共同开展与乡村产业发展和品牌建设相关的项目,共享资源和经验。

四、智慧要素

在乡村振兴品牌建设中引入智慧要素具有重要意义。智慧要素强调信息技术的应用和创新,促进乡村振兴品牌建设与数字化、智能化的融合。通过智慧农业、智慧物流、智慧旅游等方式,提升乡村品牌的管理水平和服务质量,提供更加便捷、高效的农产品生产、销售和服务体验。

(一)智慧农业

智慧农业是运用信息技术、互联网、人工智能等先进技术手段,提升农业生产、管理和运营效率的农业模式。在乡村振兴的品牌建设中,智慧农业可以提供精准的农业生产管理和农业供应链服务,实现农产品的溯源、质量追溯和品牌溯源,为乡村品牌建设提供支持。智慧农业可以通过传感器和物联网技术实现对土壤、气候等环境因素的监测和控制,提高农作物的产量和品质。同时,还可以利用大数据和人工智能分析农产品市场需求和消费趋势,指导农民科学种植和科学销售,提高农产品的市场竞争力和附加值。

1.农业生产智慧管理

利用传感器、监测设备和物联网技术,智慧农业可以实时监测和收集农田的土壤湿度、温度、光照等环境信息，以及农作物的生长情况。通过数据分析和智能算法，农民可以精确控制灌溉、施肥、病虫害防治等农业生产环节，提高农产品的产量和品质。这些精细化的农业生产管理措施可以为乡村品牌提供高质量的农产品。

2.农产品质量智慧溯源

智慧农业技术可以实现农产品的溯源和质量追溯，通过标识和记录农产品的种植、采摘、加工等环节的信息，追溯农产品的生产源头和流通渠道，确保农产品的安全和质量。这样的溯源和质量追溯系统可以提升消费者对乡村品牌的信任度，增强品牌的可靠性和声誉。

3.农业供应链智慧服务

智慧农业技术可以协助建立高效的农业供应链服务体系。信息技术和物联网技术，可以实现农产品的流通信息管理、库存管理、配送协调等，农产品的生产、加工和销售环节能够紧密连接，提高供应链的响应速度和灵活性，减少损耗，提升供应链的效率和可持续性。

(二)智慧物流

乡村振兴的品牌建设需要高效的物流系统支撑，以保障农产品的快速、安全、流通的可追溯。智慧物流可以通过物联网、云计算、大数据等技术手段，提升物流的效率和透明度，降低物流成本，加快物流周期。在乡村品牌建设中，智慧物流可以实现农产品的冷链物流、仓储管理、配送和销售环节的智能化与信息化，通过建立农产品的电商平台和物流配送中心，提供一站式供应链服务，方便消费者购买到优质的农产品。

1.智慧冷链物流

智慧物流可以应用冷链技术，提供农产品的冷藏、运输和配送服务。通过物联网传感器和监控设备，可以实时监测冷链环境参数，如温度、湿度等，确保产品在整个运输过程中的新鲜和高品质。

2.智慧仓储管理

通过仓储管理技术，可以实现农产品的智能化存储和管理，借助物联网技术和自动化设备,可以对仓库内的库存情况、温度、湿度、货物位置等信息进行实时监控和管理。这有助于提高仓储效率,减少库存损耗,确保产品的储存条件符合标准,延长产品的保鲜期和提高品质。

3.智慧配送

智慧物流系统利用大数据和人工智能技术对市场需求和消费者行为进行分析,可以优化农产品的配送和销售环节,提高配送的效率和准确性。同时,可以建立农产品的电商平台和物流中心,为消费者提供方便的购物体验和快速的配送服务。这将有助于扩大农产品的销售渠道,提升乡村品牌的知名度和美誉度。

4.智慧信息追溯

智慧物流系统可以实现农产品的信息化追溯,通过建立物流信息管理平台,记录和存储农产品的源头信息、生产加工环节、运输路径等关键信息。消费者可以通过扫描产品上的溯源码或查询数据库,追溯产品的产地、生产过程、安全检测报告等信息,增强对产品的信任度和满意度。

(三)智慧旅游

乡村振兴的品牌建设可以借助智慧旅游的手段,打造吸引力强、体验丰富的乡村旅游品牌。智慧旅游可以通过虚拟现实(VR)、增强现实(AR)、互动体验等技术,为游客创造出独特的乡村旅游体验。

1.智慧现实

通过虚拟现实和增强现实技术,游客可以在不实际到达乡村的情况下,通过沉浸式的虚拟体验,感受乡村的美景、文化和传统。这种互动体验可以激发游客的兴趣,增强对乡村的认知和进入乡村的愿望,推动乡村实景旅游。

2.智慧互动

智慧旅游可以提供多样化的互动体验,使游客能够参与农业生产、民俗活动、手工艺制作等特色乡村活动。通过参与性体验,游客可以更深入地了解乡村的文化和传统,与当地居民互动交流,增强旅游的价值和意义。

3.智慧分析

智慧旅游通过收集和分析游客的偏好、行为数据,可以提供个性化的推荐和定制化的旅游体验。这种精准化的服务可以提高游客的满意度,并帮助乡村品牌更好地满足游客的需求。

4.智慧服务

开发乡村旅游 APP,提供游览路线规划、民宿预订、特色美食推荐、乡村活动信息等服务,方便游客获取所需的旅游信息和服务。移动应用的便捷性和实用性可以提升游客的旅游体验和满意度,同时也便于对乡村旅游品牌的推广和宣传。

五、技术要素

技术是乡村振兴品牌建设中的重要生产力,技术要素起着至关重要的作用,它可以促进农村发展、推动乡村品牌建设的创新和提升。技术要素主要包括农业技术、制造技术、信息技术等。引进和应用先进的技术,提升农产品质量和生产效率,加强农业产业链的延伸和升级,可以打造具有竞争力的乡村品牌。技术要素还包括研发创新和合作交流等方面的工作,促进乡村品牌建设与科技创新的紧密结合,推动乡村振兴品牌的发展。

(一)农业技术

先进的农业技术可以提高农产品的品质和产量,增强乡村品牌的竞争力。例如,高效的种植技术、精确的农药施用技术、先进的病虫害防治技术等可以减少农产品的损失,提高农业生产效率和质量。

1.先进的种植技术

先进的种植技术包括精准的作物品种选择、适宜的肥料施用、精确的灌溉管理等。这些技术可以帮助农民在种植过程中更科学地管理农田,提高农作物的产量和质量。例如,选择适宜的品种,可以提高农作物抗病虫害的能力,减少农药的使用,降低农产品的农药残留。

2.精确的农药施用技术

农药是农业生产中常用的防治病虫害工具。精确的农药施用技术可以根据病虫害的程度、作物生长阶段等因素,精确计量农药用量和定点喷施农药,减少农药的浪费和对环境的负面影响。这不仅可以保障农产品的质量,还可以降低农业生产成本。

3.现代化的病虫害防治技术

现代化的病虫害防治技术可以减少农作物受到病虫害后的损失。例如,利用监测系统识别病虫害发生的早期征兆,及时采取相应的防治措施,可以防止病虫害的暴发和蔓延。此外,也可以运用生物防治、物理防治等绿色环保的控制方法,减少化学农药的使用。

(二)制造技术

制造技术在乡村振兴品牌建设中的作用是将农产品进行深加工,提升附加值。现代化的加工设备和工艺,可将农产品加工成种类繁多的产品,丰富产品形态和市场供给。同时,制造技术还可以提高生产效率,降低生产成本,提高产品的一致性和标准化水平。

1.丰富产品形态

通过现代化的加工设备和工艺,农产品可以被加工成更多种类的产品。举例来说,水果可以制成果酱、果干或果汁;农作物可以加工成粮食制品或者方便食品。这样既可以丰富产品的种类,满足不同消费者的需求,也扩大了产品的市场供给。

2.提升产品附加值

通过深加工,农产品的附加值得以提高。例如,将草莓制成草莓酱,价格会比直接销售草莓更高。深加工还可以创造更多的就业机会,并带来更高的利润率。在加工过程中,可以根据市场需求和趋势,进行产品创新和差异化,提升乡村品牌的市场竞争力。

3.提高生产效率

现代化的加工设备和工艺可以提高生产效率,实现更高的产量。同时,自动化和智能化的制造技术可以降低劳动力成本和能源消耗。通过规模化和标准化生产，还可以降低对原材料的浪费，并提高产品的一致性和标准化水平。

4.增强产品质量

制造技术可以确保产品的质量和安全性。现代化的加工设备和工艺可以精确地控制加工过程，降低产品被污染的风险。同时，自动化和智能化的生产线可以进行严格的质量控制和检测，确保产品符合标准和规范。

(三)信息技术

信息技术的发展为乡村振兴提供了广阔的发展空间。信息技术可以实现农业、农村金融、教育、医疗等领域的信息化和数字化，提高生产、管理和服务效率。例如，建立农业信息化系统，可以实现农田管理、农产品生产管理、销售渠道管理等功能，提升农业生产的科学性和效益。信息技术还可以提供线上线下的购物平台，方便消费者购买优质乡村产品，推动乡村品牌的宣传和销售。

1.互联网技术

互联网的普及和发展为乡村振兴品牌建设提供了广阔的市场和渠道。互联网可以打破地域限制，提供全球范围内的信息和资源共享平台，建立农产品电商平台、乡村旅游平台等，可以实现农产品的线上销售和乡村旅游的线上推广，增加乡村品牌的知名度和影响力。互联网还可以为农民提供农业技术培训、市场信息查询等服务，提升农民的专业素养和经营水平。

2.人工智能技术

人工智能在农业和农村领域的应用前景广阔。人工智能可以通过图像识别、语音识别等技术实现对农作物的病虫害自动识别和预测，提高农业生产的精准性和效率。人工智能还可以通过机器学习和数据分析，推动农产品的智能化质量监控，提升乡村品牌的品质和口碑。此外，人工智能还可以应用于农田灌溉、精准施肥等领域，提高资源利用效率，推动农业的可持续发展。

3.大数据技术

大数据技术可以对海量的农业、农村数据等进行采集、存储、分析和应用，为农业决策和乡村振兴提供科学依据。对农田土壤、气象、作物生长等数据进行分析，可以进行农田环境监测和产量预测，指导农民进行科学种植和助推农产品的销售。同时，大数据技术还可以通过分析消费者的喜好和行为，提供个性化的乡村旅游和购物推荐，增加消费者对乡村品牌的认知和信任。

4.区块链技术

区块链技术在乡村振兴品牌建设中可以提供可靠的数据共享和交易保障，实现对农产品的溯源和品牌溯源，确保农产品的质量和安全可追溯。通过建立区块链平台，消费者可以追溯农产品的种植、生产、运输等环节的信息，增加对农产品的信任和消费欲望。区块链技术还可以实现对农产品的电子交易和合同的管理，提高交易的透明度和安全性，促进农产品的销售和品牌建设。

第三节
乡村振兴品牌与知识产权

在乡村振兴过程中，充分认识和利用知识产权，可以帮助乡村品牌建成独特的核心竞争力，推动乡村经济的发展。

第一，知识产权的保护对乡村振兴品牌建设具有重要意义。乡村品牌建设需要不断创新其独特的产品、技术、品牌形象等元素，其创新成果往往是知识产权的具体表现，包括专利、商标、版权等。保护知识产权可以确保乡村品牌的创新成果得到合法保护，鼓励创新活动的开展，提升乡村品牌的核心竞争力。例如，乡村创新型企业可以通过申请专利保护其技术发明，确保其在市场上的独家地位，进而打造具有核心竞争力的乡村品牌，吸引更多投资和消费者的关注。

第二，知识产权的运用对乡村振兴品牌建设有着重要意义。知识产权的运用可以帮助乡村品牌实现更好的市场价值。乡村振兴中的品牌建设离不开市场推广和商品销售，而知识产权的运用可以为品牌提供独特的卖点和竞争优势。通过使用自己独有的商标、标志、设计等知识产权，乡村品牌能够在市场上与竞争对手区分开来，吸引消费者的关注和认同。同时，知识产权的运用还可以为乡村品牌建设提供更好的营销和推广方式，例如在广告宣传中突出知识产权的价值，强调品牌的独特性，增强品牌形象和市场竞争力。

乡村振兴品牌建设与知识产权密切相关，知识产权的保护与运用将对乡村振兴和品牌建设起到重要的推动作用，保护知识产权可以确保乡村品牌的创新成果得到合法保护，提升乡村品牌的核心竞争力，知识产权的运用也可以帮助乡村品牌实现更好的市场价值和商业化利用。

一、知识产权的定位：乡村振兴的内生动力

2021年2月，习近平总书记在全国脱贫攻坚总结表彰大会上发表讲话，提出坚持调动广大贫困群众积极性、主动性、创造性，激发脱贫内生动力。这既是中国特色反贫困的经验，也是中国特色反贫困理论的重要内容。在超常规精准扶贫之后全面实施乡村振兴战略更需要激发乡村发展的内生动力。乡村振兴比精准扶贫覆盖的人口更多，要求也更全面，不仅要提高农民收入，而且要实现社会、经济、生态、文化和乡村政治的全面振兴，这需要充分保障农民的主体地位，激发乡村发展的内生动力。在乡村振兴中，只有激发内生动力，才能实现乡村的可持续发展。传统的外生发展模式着重强调通过外部力量自上而下地干预、支持和投资来推动乡村发展。这种模式通常由政府、国际组织或外部资本主导，通过投入资金、建设基础设施、引进技术和提供援助等方式，试图改善乡村地区的经济、社会和环境状况。而内生发展模式强调乡村作为发展主体的回归，主张通过自下而上的公民行动来促进乡村社会的发展。这种模式强调乡村社区的参与和自主决策，鼓励农民和当地居民发挥主动性，掌握发展的主导权，并从自身资源和潜力中寻求发展机遇。内生发展模式的优势在于它能激发和利用农村社区的创新和创造力，实现更具可持续性的发展。它关注社会凝聚力、社区参与和基层治理，有利于推动农村地区的整体发展和社会进步。内生动力是指基于主体组织内部自身发展而源于自身的内部动力，是通过组织的内部条件来影响内部要素而满足主体的主要力量。动力机制，简单地来讲就是原动力建设，是指在正视各部分存在的前提下，协调各部分之间的关系，从而发挥作用的一种方式[1]。乡村治理形态的演变从"权威—依赖—遵从"的计划统治模式转变为"服务—监督—协作"的治理模式，反映了乡村治理对于提升内生动力的重要性[2]。内生动力机制能有效地稳定乡村治理秩序，而知识产权在乡村振兴中扮演着重要的内生动力的角色。乡村振兴的核心目标是通过创新和发展乡村资源，提升农村经济的发展活力和竞争力，

---

[1] 贺雪峰.中国传统社会的内生村庄秩序[J].文史哲,2006(04):150-155.
[2] 王甄玺.乡村德治的困境及其完善路径[J].党政论坛,2019(11):40-44.

而知识产权作为创新成果和知识资产的法律保护,可以为乡村振兴提供持续的动力和保障。

二、知识产权的价值:品牌内生发展

在乡村振兴品牌建设过程中,知识产权保护为品牌创新者提供了合法保护创新成果的机制,确保他们可以享有独特的权益并获得回报,品牌可以满足自内而外的动力燃料,为外部构成提供坚实助力。这种保护机制鼓励创新者投入更多的精力和资源进行研发和创新,为乡村振兴品牌建设提供源源不断的内生动力。也就是说,知识产权的保护能激励创新活动,为企业和个人提供合法保护,鼓励他们进行研发和创新。在中国式现代化的进程中,创新是关键,而知识产权的有效保护可以确保创新成果得到回报,进一步推动创新链条的形成和延伸。

(一)内生创新激励

知识产权对创新激励的内生动力价值体现在以下方面。

1.激励创新活动

知识产权保护为创新者和创业者提供了权益保障,使他们能够获得独特的经济利益和回报。创新驱动的乡村振兴能够为品牌建立竞争优势,知识产权能够激励乡村居民和企业在农业、农村经济以及乡村服务等领域进行创新,推动农村经济的可持续发展。通过知识产权的运用,乡村企业可以构建起技术壁垒和市场壁垒,提高产品和服务的竞争力,从而在市场竞争中占据有利地位。

2.激励技术引进

知识产权的存在鼓励技术转移与合作,乡村地区可以通过获取和积累知识产权来引进先进的农业技术、服务和管理经验,提升乡村产业链的竞争力。乡村振兴需要不断推动技术创新和研发投入,以提升产品质量和竞争力。技术引进可以加速乡村发展步伐,提高生产效率和产品质量,推动农村经济由传统农业向现代农业转型。同时,技术转化还能将科研成果转化为实际生产力,促进创新成果的商业化应用,为乡村振兴注入新的活力。知识产权的保护可以激励企业增加对技术创新和研发的投入,其研发成果将获得相应的商业回报和市场竞争优势。在国际市场中,具有强大知识产权保护的乡村企业更有可能获得技术合作、技术转让和国际合作的机会,提升与国际市场相关的技术能力和创新水平。

3. 激励地方保护

乡村振兴强调以特色农产品和乡村旅游为重点发展方向,知识产权保护有助于防止地方品牌和特色产品的盗版与仿冒,维护乡村经济的信誉和声誉。同时,知识产权的注册和保护也为乡村地区的农业品牌建设提供了法律支持,鼓励企业和农户创新,打造独具特色的农产品品牌。

(二)内生知识转化

乡村振兴品牌建设需要将传统农业转型升级为现代农业,培育新的农业产业和经营模式,这些转型和升级往往依赖于科技创新和知识的应用,知识产权的存在为知识成果转化提供了渠道。

1. 推动知识资源转化

乡村地区通常拥有丰富的自然、生态和人文资源,但这些资源需要经过有效的知识转化才能成为可实施的方案和创新产品。知识产权的存在鼓励乡村居民和企业将他们的经验、专业知识和技术转化为具有商业和经济价值的实际应用,通过知识产权的保护,人们更有动力将创新性想法和研究成果转化为实际的乡村发展项目和解决方案。

2. 促进知识成果利用

知识产权的保护为品牌创新者和创业者提供了经济利益获取机制,他们以知识创新为第一生产力,在拥有知识产权的情况下,可以通过商业化渠道利用自己的技术或产品,为乡村经济带来直接的商业价值。这种商业化利用包括农产品加工、乡村旅游、特色手工艺品等,可以创造更多的就业机会和增加经济收入,推动乡村经济的发展。

3.推进知识技术交流

知识产权保护能够促进技术交流与合作,为乡村振兴提供合作伙伴和市场机会。在知识产权得到保护的环境下,乡村企业可以通过技术合作、技术转让等方式获取国内外先进技术,加速乡村振兴的步伐。同时,乡村企业在技术引进和转化过程中,也可以与技术供应商进行深入合作,共同探索适合乡村振兴需求的创新解决方案。

(三)内生价值实现

知识产权不仅仅在于私权独占,也在于资源共享。在乡村振兴过程中,合作是非常重要的。知识产权合作和共享机制,可以促进各方利益的平衡和协调,加强乡村地区内部与外部的合作与交流,实现资源共享和互利共赢。知识产权是品牌价值不断实现的过程,通过知识产权的内生价值带动品牌建设外生价值的实现,为乡村振兴品牌建设提供价值引领与加成。

1.内生文创价值实现

知识产权的价值不仅在于知识的转化,也在于创意的实现。乡村振兴品牌可以从文化创意产业切入,以文化创意为核心,将文化资源转化为具有经济价值的产品和服务品牌,其中知识产权发挥着重要作用。其一,鼓励创新创意自发性生长。乡村的文化创意产业需要不断进行创新和创意,以满足市场需求和提升竞争力。而知识产权保护可以激励创作者和创意者投入更多的精力和资源进行创新,完善的知识产权法律保护可以让建设者们更有信心和动力进行创造性尝试,进而推动乡村文化创意产业的发展。其二,推动创新创意的商业化转型。乡村的文化创意产品和服务在商业化过程中需要建立品牌形象、进行营销推广,而知识产权的运用可以帮助乡村企业保护自己的品牌和创作,商标注册、著作权登记等方式,可以确保乡村文化创意产品的独特性和市场竞争力,吸引更多的消费者和投资者,推动乡村文化创意产业的商业化发展。

2.内生共赢价值实现

知识产权的许可授权有助于促进不同乡村地区之间的经验交流和合作共赢,共同推动乡村发展,体系化的知识产权保护有助于促进合作和技术转化。

在乡村振兴的过程中，乡村企业常常需要依靠外部资源和合作伙伴来实现创新和发展，通过知识产权保护，乡村企业能够更好地保护自己的技术和创新成果，而投资者和合作伙伴会关注知识产权的保护情况，且更倾向于与有明确知识产权保护的乡村企业合作，因为这能够降低技术转移和商业合作的风险，提高合作伙伴对项目的信心。因此，知识产权能够帮助乡村振兴品牌增强合作伙伴的信任，增加合作机会，促进不同创新主体之间的合作与共赢。

三、知识产权的保护：品牌建设的矛与盾

品牌的发展离不开知识产权的全方位支撑，知识产权是品牌的法律载体和主要表现形式，是加强品牌法律保护、实现品牌市场价值、发挥品牌经济和社会效益的基础保障。在知识产权强国建设的新征程上，品牌建设应着力实施在培育经济增长新动能、助力乡村振兴、激发消费市场活力、优化区域发展环境、推动国际合作发展等方面，促进知识产权与品牌建设深度融合、共同发展。知识产权在品牌建设中具有矛与盾的两面性。一方面，知识产权的运用可以有效地促进品牌建设，提升企业的竞争力和市场地位；另一方面，过度保护知识产权可能导致创新受限和市场壁垒的形成，对消费者和其他企业的创新发展产生负面影响。因此，在知识产权保护过程中，需遵循《反不正当竞争法》的基本原则，防止滥用知识产权排除、限制竞争，确保市场公平有序。同时，应警惕知识产权的过度保护可能导致的"专利丛林""商标囤积"等问题，平衡权利人与社会公共利益，促进创新与公平竞争的良性互动。地理标志和商标是乡村品牌的核心元素，它们有助于识别和保护特定地域的农产品和乡村旅游服务。通过为乡村品牌注册地理标志和商标，可以确保其独特性和品质，并防止在市场上的侵权行为，从而提高品牌的认可度和价值。在乡村品牌建设中，应结合《反不正当竞争法》对市场混淆、虚假宣传等行为的规制，构建全方位的品牌保护体系。同时，应避免因过度保护地理标志而限制合理使用和创新发展，确保乡村品牌既能维护自身权益，又能促进产业协同和市场竞争。

(一)商标法保护

品牌是一个市场概念,强调企业和顾客之间的关系,是一种由消费者对企业产品的质量、服务、形象、文化价值等方面的评价和认知所形成的信任和承诺。品牌的建立需要企业经营者通过长期的努力来塑造和维护。商标则是一个法律概念,它主要强调对企业合法利益的保护。商标是用于区别商品或服务来源的标志,包括文字、图形、字母、数字、三维标志、颜色等要素。通过商标注册,商标持有人可以获得对商标的专有权,使其他人不得擅自使用相同或类似的商标,以避免迷惑消费者或侵犯品牌的权益。注册后的商标被称为注册商标,它在法律上享有更强的保护。商标持有人可以依据商标法规定,采取法律手段来维护自己的商标权益,包括要求侵权方停止侵权行为,消除不良影响,要求赔偿经济损失等。商标的注册和保护是确保品牌在市场上获得合法地位和竞争优势的重要措施。品牌与商标之间存在相互依存的关系,并在相互促进中增强价值。用商标促进品牌成长,用品牌提升商标价值,可以从以下几方面入手。

1. 规范注册和使用商标

商标注册是保护商标权益的基础,及时注册商标可以确保其他人无法在相同或类似商品上使用相同或相似的商标,从而避免侵权问题。商标注册费用根据商品注册类别而定,注册后的商标保护期为10年,到期可以进行续展。企业应确保在商标保护期内在产品、广告、包装等相关材料中正确使用商标,并遵守商标法律法规,良好的商标使用规范有助于建立企业商标的识别度与认可度。

2. 建立有效的商标管理机制

企业应设立专人负责商标管理,包括商标注册事宜的决策、国内或国际注册的选择、需要注册的商品类别等。同时,对商标的有效期进行管理,并密切监控商标侵权行为,维护商标的价值和权益。

3. 建立商标与品牌协同建设机制

品牌建设初期,应与商标注册同步进行,并确保商标与品牌的一致性和一体化。在品牌宣传过程中,应将商标与品牌绑定宣传,提升品牌的知名度和识别度。

4.多商标强化品牌价值

一个企业可以拥有多个商标,但品牌是相对确定和稳定的。创建多个商标来强化品牌的价值是常见的策略。

(二)地理标志保护

地理标志的法律保护属性在乡村振兴品牌保护中起着重要作用。农产品地理标志是标示农产品来源地,说明其产品品质和相关特征主要取决的自然生态环境和历史人文因素,并以地域名称冠名的特有农产品标志。我国地理标志保护由三大体系组成:一是由国家知识产权局牵头的"集体商标"和"证明商标"注册保护制度,二是由国家市监局牵头的"地理标志保护产品"登记保护制度,三是由农业农村部牵头的"农产品地理标志"认证保护体系。作为一种地理证明商标,农产品地理标志是受到法律法规保护的,用于鉴别某一农产品产地对其产品品质予以证明的标志,是知识产权的一种。我国多数农产品品牌都经历了"从地理标志走向区域品牌"和"企业品牌叠加区域品牌"的两个过程[①]。根据我国法律法规,农产品地理标志实行公共标识与地域产品名称相结合的标注制度。基于地理标志的法律保护属性,对农产品区域品牌的构建设立了准入门槛。符合《农产品地理标志管理办法》规定条件的标志使用申请人,可以向登记证书持有人提出标志使用申请并出具相应的申请材料,经审核通过后签订农产品地理标志使用协议,明确标志的使用数量、范围及相关责任义务,才能使用地理标志。任何单位和个人都不得冒用农产品地理标志,违反规定的行为将受到法律处罚。即使在农产品地理标志所辖区域内生产的同类农产品,未经授权和审核,也不能以拥有地理标志的农产品身份进入市场,并进行销售。这种法律保护属性为农产品区域品牌提供了基础的准入门槛,并根据不同的发展阶段,拓展品牌的法律保障范畴,以保护和促进农产品区域品

---

① 费威,杜晓镕.打造农产品区域品牌:以地理标志为依托的思考[J].学习与实践,2020(08):49-50.

牌的健康发展。

1. 地理标志商标

地理标志商标实际是指将地理标志一方面作为集体商标进行保护,另一方面当作证明商标来保护。集体商标是用协会、团体或其他组织的名义注册,在商业活动中提供给组织成员使用,来表明用户在集体中的成员身份;表示该商标由集体组织所监督把控,授权组织以内的个人或单位使用,以表明服务或商品的来源、原材料、制造方法、质量或其他特定质量标志。

2. 地理标志产品

地理标志产品是指在特定地区生产的产品,其质量、声誉或其他特性主要取决于产地地区的自然和人文因素,以经批准的地理名称来命名的产品。

3. 农产品地理标志

农产品地理标志是指源于农业的初级产品,标识产品产自特定地域,其品质及相关特征主要取决于当地自然生态和人文历史因素,并以地域名称命名的独特标志。经工业加工的非初级农产品不符合认证条件,由此区别于"地理标志保护产品"。

(三)反不正当竞争法保护

在面对线上销售平台成为假货主要销售地以及"傍名牌"等的隐蔽侵权行为时,在无法通过专门的知识产权法律进行调整时,品牌可以使用反不正当竞争法来更好地保护自身权益和保障品牌利益。例如,品牌对侵权人"傍名牌"行为可以以不正当竞争的名义提起诉讼,要求制止侵权行为和获得相应的赔偿。反不正当竞争法是保护品牌权益和打击不正当竞争行为的法律工具,其规定了一系列不正当竞争行为。如虚假宣传行为、恶意诋毁他人产品、商业贿赂行为、侵害他人商业机密等,以防止他人损害乡村品牌的声誉和竞争优势。第一,虚假宣传行为。虚假宣传行为包括虚假广告、虚假销售信息等,乡村品牌如果遭受他人的虚假宣传,可能误导消费者或影响消费者对品牌的信任,反不正当竞争法可以对此提供相应保护。第二,恶意诋毁他人产品。如果有竞争对手故意诋毁乡村品牌的产品,损害其声誉和竞争优势,反不正当竞争法可以为品牌提供法律保护,追究侵权者的责任。第三,商业贿赂行为。如果其他企业采取贿赂手段并对品牌的合作伙伴实施不正当竞争,品牌可以通过法律手段制止这种不正当行为。第四,侵害他人商业机密。乡村品牌的成功往往依赖于独特的商业机密,包括生产工艺、经营模式和市场信息等。如果他人未经许可获取、使用或披露这些商业机密,将造成乡村品牌的损失,反不正当竞争法可以对此追究侵权者的法律责任。

(四)知识产权的过度保护限制

过度保护知识产权将阻碍企业间的正常竞争和创新活动,形成市场壁垒,从而限制经济的自由流动和创新的发展,导致消费者选择受限,价格上升以及市场竞争机会的减少。此外,过度保护知识产权也可能导致创新资源的浪费,企业会因过于专注于保护现有的知识产权而忽视了创新和技术进步的重要性。第一,过度保护知识产权可能抑制创新的发展。过于严格的知识产权保护和专利限制可能导致创新资源的垄断,使其他企业无法使用或改进已有的技术和知识,从而阻碍乡村企业创新能力的发挥和限制其发展空间。第二,过度保护知识产权可能导致市场壁垒的形成,限制其他企业的参与和竞争。特别是对于那些处于起步阶段的乡村企业来说,它们无法承担针对知识产权的高昂诉讼和许可费用,也难以在市场上与已有品牌竞争,进而限制了市场的多样性和竞争度。

在实践中,多国都通过制定适当的法律法规和政策来平衡知识产权保护的运用。例如,制定反垄断法和反不正当竞争法等,防止因知识产权的滥用而对市场和消费者产生不利影响。此外,也可以通过鼓励技术交流、知识共享和合作创新等方式,促进知识的自由流动和创新的开放性。知识产权在品牌建设中具有矛与盾的两面性,适度的知识产权保护可以促进企业的品牌建设和创新,提高市场竞争力。然而,过度保护知识产权可能导致创新受限和市场壁垒的形成。因此,需要在保护知识产权和促进市场竞争之间找到平衡点,制定合适的政策和措施,推动可持续发展的知识产权的运用。为防止知识产权的过度保护与权利人的滥用,知识产权法针对不同权利类型,如商标、专利、版权等,规定了各自的保护期限。一旦保护期限届满,知识产权将不再享有保护但可以续展。例如,商标的注册保护期一般为10年,可以通过续展延长保护期。品牌建设对商标的使用需求极大,大规模的商标批量注册屡见不鲜,甚至出现抢注、滥注现象,品牌应做好商标管理,防止因注而不用的情况被他人撤销或宣告无效。公共利益是知识产权法始终关注的,为此知识产权法律体系规定了合理使用制度,即在法律规定的范围内,对于合理使用知识产权的行为,可以在合理范围内免除或限制权利人的权利。其目的是防止权利人对知识产权滥用而导致市场垄断,损害正当竞争。当知识产权的行使妨碍了公平竞争和市场自由时,可以用反垄断法和反不正当竞争法维护市场的公平和消费者的利益。企业应该充分利用知识产权的保护和限制机制,保证自有品牌在市场上的独特性和竞争优势,同时应保持开放的创新态度,允许并鼓励与其他企业进行合作和交流,共同推进技术进步和良性的市场竞争。

四、知识产权的运用:中国式现代化的必要保证

知识产权的价值在中国式现代化中是不可或缺的必要保证。在乡村振兴品牌建设过程中,知识产权面临一些挑战和问题,限制了其作为内生动力发挥作用的能力。

第一,知识产权保护能力不足。乡村地区通常缺乏有效的知识产权保护机制和措施,使得其创意和创新容易受到侵权。乡村企业和个人可能缺乏对知识产权的认知和专业的保护能力,导致创意和作品的价值无法得到充分保护,进而影响投资和商业化利用。

第二,知识产权管理水平不高。乡村地区的知识产权管理水平相对较低,缺乏专业的知识产权管理机构和人才,使得知识产权的保护和运用工作难以顺利进行。管理方面的不足容易导致知识产权的丢失、纠纷等发生,且维权困难,给乡村文化创意产业带来不利影响。

第三,知识产权创新意识薄弱。在乡村地区,居民和企业的创新意识相对较弱,创新能力不足。由于传统观念和资源条件的限制,乡村企业和个人对于知识产权的重要性和价值认识不足,缺乏创新意识和积极的创新行动,这使得

乡村文化创意产业的创新活动受到限制,影响了乡村振兴的内生动力。

第四,知识产权专业人才稀缺。乡村地区缺乏专业的知识产权人才,包括知识产权管理人员、专利代理人和法律顾问等,这导致乡村企业和个人在知识产权保护和运用方面面临困难。此外,乡村地区对知识产权保护的投入也相对不足,无法进行有力的知识产权保护和运用工作。因此,乡村振兴品牌建设需要加强知识产权保护体系建设,提升乡村企业和居民对知识产权重要性的认识,加强相关法律法规的宣传和培训,培养和引进知识产权专业人才,为乡村振兴提供更强的内生动力。

(一)知识产权定位品牌核心

知识产权是决定品牌定位的核心要素,是支撑和守护乡村振兴品牌建设的黄金武器。我国品牌发展已呈现多样趋势,科技类品牌凭借强大的专利实力和创新能力逐渐取代了一些传统的消费品牌,文艺影视、移动游戏等创意性产业方兴未艾,地理标志品牌改变了企业过去"一家一户闯市场"的模式,形成了品牌集群效应和区域品牌的影响力。这些趋势反映了不同行业和市场对品牌需求和发展的方向,品牌建设更需要结合自身情况与行业趋势来制定品牌发展策略,并利用相关的知识产权手段加强品牌建设。在品牌建设初期,如何正确利用知识产权形成自己的品牌核心竞争力,对于品牌未来发展路径的定位与品牌消费对象的瞄准具有重要作用。不同的知识产权类型对于品牌建设有不同路径。第一,以专利为核心。拥有规模化的知识产权可以使品牌在市场竞争中处于优势地位,例如,依靠专利打造品牌核心竞争力的华为,拥有大量通信、电子、机械等领域的核心专利,这为其在5G领域与苹果公司等竞争对手形成市场对抗提供了核心支撑。第二,以商标为核心。商标是一个品牌的重要资产之一,它可以帮助企业建立独特的品牌形象和市场识别度。对于服务型企业来说,商标尤为重要,因为其技术特性不像产品型企业那样明显,商标成为与竞争对手区分的关键元素。另外,老字号品牌通常依赖商标长期建立的品牌声誉和知名度。第三,以版权为核心。创意型产业如娱乐、影视和游戏等领域依赖版权来保护其作品和内容,拥有独特版权的作品可以巩固品牌在市场上的地位,增强竞争力,比如上海美术电影制片厂拥有的大闹天宫、哪吒闹海、黑猫警长、舒克和贝塔、宝莲灯等品牌形象,都建立在众多受版权保护的动画角色和故事上。第四,以商业秘密为核心。一些企业的竞争优势来自商业秘密,比如特殊的配方、生产工艺、客户数据库等,例如可口可乐将其配方作为核心商业秘密,商业秘密可以确保企业在同行业市场竞争中处于领先地位,并能长期获得市场地位。

(二)知识产权助力品牌塑造

知识产权在乡村振兴品牌的塑造与建设中发挥着重要作用。第一,知识产权打造品牌独特形象。商标是品牌的重要组成部分,通过商标的注册和运用,品牌可以打造独特的标识和形象,使消费者能够迅速识别并记住品牌,有效的商标推广可以增加品牌认知度,帮助消费者建立对品牌的信任度和忠诚度。第二,知识产权保护品牌声誉。通过著作权、专利和商业秘密等知识产权的保护,品牌可以有效地防止他人恶意侵权和虚假宣传,保护品牌的声誉和形象,消费者对于品牌的信任和认可会促使他们购买和推荐该品牌的产品或服务。第三,利用品牌创新进行推广。通过专利保护技术创新和独特的产品设计,品牌可以区别于竞争对手,吸引消费者的注意力,增加产品或服务的吸引力。品牌可以利用其专利技术和创新成果进行推广,展示自己的独特价值和竞争优势。第四,开展IP联名合作与授权。品牌可以通过授权或合作等方式,将自己的知识产权授予其他企业或品牌使用,从而推广自己的品牌。例如,贵州村超与贵州青酒合作推出联名酱香型白酒,不仅扩大了乡村品牌的影响力,也提升了市场领头品牌的竞争力,双方实现了合作共赢。

(三)知识产权强化品牌保护

品牌保护包括经营保护、社会保护和知识产权保护。经营保护是通过企业内部规章制度和技术手段,如防伪标志等,进行甄别和保护。社会保护是指社会对假冒伪劣产品进行打假的行为。知识产权保护是指通过法律手段解决假冒商品、商标类似、技术克隆、作品剽窃等问题,是保护企业品牌存亡的重要途径。第一,将获得知识产权视为培育品牌的基础,并加强知识产权的综合布局,包括完成各种类型的知识产权申请、注册和登记。如商标注册,商标是构建品牌形象的重要元素,凝聚了品牌的核心价值与商誉,企业应该根据自身品牌战略注册合适的商标,确保其独占性和有效性。又如域名注册,在进行线上业务时,选择并注册适当的域名可以帮助企业建立在线品牌形象,防止他人恶意注册相同或相似的域名侵犯品牌权益。第二,拓展知识产权的海外布局。企业在"走出去"的过程中要保持核心竞争力需坚持差异化的建设策略。企业在拓展国际市场时,要考虑不同国家和区域的气候、文化和法律差异,因此需要在知识产权海外布局以及知识产权类型选择策略等方面实施差异化,如积极申请PCT专利和马德里商标等国际知识产权注册方式,以提高品牌的国际竞争力。第三,优化知识产权数量和质量。企业应树立数量布局、质量取胜的理念,培育和挖掘核心专利与高价值专利,注重商标和网络域名的注册,加强软件著作权的登记和备案。通过这些措施,知识产权可以成为发展品牌的助推器。在知识产权工作的链条上,高质量的创造、高标准的保护、高水平的管理和高品质的服务是关键,而高效率的利用是最终目的,严格实施知识产权保护的本质也是为了推动知识产权的高效利用。企业运用知识产权培育和发展品牌,关键是运用知识产权资源推动知识产权创造高附加值,从而形成品牌的高溢出值。一流品牌需要一流的知识产权支撑,如果品牌只是空有名声而没有实质的知识产权支撑,往往难以长久存在。因此,企业应该将知识产权视为打造品牌发展的核心竞争力,利用知识产权的高附加值来形成品牌的高溢出值,并利用知识产权制度来保护品牌,帮助企业在市场竞争中获得更大的优势。

第四节
乡村振兴品牌体系

乡村振兴是我国当前重要的发展战略,建设乡村振兴的品牌体系是推动乡村振兴战略实施的一项关键工作。构建乡村振兴品牌建设体系,可以从品牌创建体系、品牌推广体系、品牌升值体系、品牌评价体系入手。

一、乡村振兴品牌创建体系

在乡村振兴品牌创建体系中,各个环节相互关联、相互支持,形成一个完整的体系,其体系目标是建立一个有差异化、有竞争力的乡村振兴品牌,提升乡村振兴品牌的知名度和认可度,推动乡村经济的发展和乡村振兴战略的实施。同时,乡村振兴品牌创建体系也需要与其他方面的支持和政策相结合,包括政府扶持政策、市场营销策略、品牌法律保护等,以实现品牌的可持续发展。乡村振兴品牌的创建体系包括品牌定位、品牌策划、品牌设计、品牌故事等方面。

(一)品牌定位

品牌定位是确定乡村振兴品牌的核心价值、目标受众和差异化特点的过程,其目的是明确品牌的核心理念、目标市场和竞争优势。通过市场调研和分析,可以确定乡村振兴品牌在乡村振兴战略中的定位。如农产品品牌、旅游品牌、文化品牌等,可以通过市场调研和分析明确其定位与核心价值,并确定品牌形象、个性和特色。品牌定位是乡村振兴品牌创建体系中非常重要的一环,是指通过在消费者心中塑造独特而有吸引力的形象,以区别于竞争对手并满足目标市场需求的过程。在乡村振兴品牌建设中,品牌定位可以帮助乡村企业明确自身的市场定位、核心竞争力以及目标消费者群体,从而形成独特的品牌形象和市场占有优势。乡村振兴品牌创建中常见的品牌定位策略有文化特色定位、自然风光定位、产品质量定位等。文化特色定位的核心在于乡村地区具有独特的历史文化和民俗特色,品牌可以通过强调乡村地区的传统文化、手工艺品、民间技艺等独特元素,打造与众不同的品牌形象。自然风光定位则在于乡村地区拥有得天独厚的自然景观,品牌可以将乡村打造为适合游玩观赏的景点,将品牌定位放在提供丰富、独特的乡村旅游体验上,吸引游客前来体验乡村的美丽和独特魅力。产品质量定位策略以农产品为核心,依托乡村作为主要生产地,生产一批优质的农副产品,将品牌的定位放在提供高质量、健康安全的农产品上,并通过认证、溯源等措施,建立起消费者对农产品品牌质量和安全的信任。在确定品牌定位时,乡村企业需要考虑自身的资源优势、市场需求以及竞争对手的情况。深入了解目标消费者的心理需求和购买行为,制定出切实可行的品牌定位策略,从而实现乡村振兴品牌的差异化竞争优势和市场份额的增长。同时,品牌的目标市场也需要明确,包括国内外消费者、投资者、政府等。

(二)品牌策划

乡村振兴品牌需要有整体策略、目标和计划,包括市场分析、竞争分析、目标受众等。品牌策划是制定乡村振兴品牌的整体发展战略和策略的过程,包括品牌目标的设定、品牌市场定位的确定、品牌传播策略的制定等,以达到塑造品牌形象、提升品牌价值的目标。在品牌策划中需要考虑乡村振兴的特点和需求,制定符合实际情况和市场需求的品牌策略,如产品策略、价格策略、渠道策略和促销策略等。第一,品牌形象策划。品牌形象策划包括品牌名称、标志、标语、形象色彩等要素的设计。在乡村振兴中,品牌形象策划需要充分考虑乡村的文化元素和自然特色,以及与乡村振兴目标相契合。形象设计要符合目标市场的需求,同时具备辨识度和吸引力,以便于在市场中建立品牌认知和美誉度。第二,品牌推广策划。品牌推广策划是确定如何将品牌形象传达给目标市场的重要环节。品牌推广策划包括对品牌宣传、广告、公关活动、社交媒体等多种手段的设计和预测。在乡村振兴中,推广策划需要注重与乡村形象和特色相匹配,并针对目标市场的特点进行定制化传播,同时,与乡村振兴相关的合作伙伴和机构也是重要的传播资源。第三,品牌管理策划。品牌管理是持续监测和维护品牌形象与声誉的过程,在乡村振兴中,品牌管理需要关注乡村产品的质量、售后服务和消费者反馈。保持品牌形象的一致性和稳定性,在市场中建立良好的信誉和口碑,是品牌管理的关键任务。第四,品牌评估策划。品牌策划需要定期评估品牌的市场地位和品牌策划效果,根据市场的反馈和变化,对品牌策略进行优化和调整。品牌评估可以通过市场调研、品牌价值评估等方式进行。在乡村振兴中,品牌策略的灵活性和适应性非常重要,需要及时根据市场需求和竞争环境作出调整与改进。一个完整、全面的品牌策划可以帮助乡村建立独特的品牌形象和差异化的市场竞争优势。通过明确品牌定位、设计品牌形象、运用适切的传播策略、实施有效的品牌管理和不断优化品牌策略,乡村振兴品牌可以在市场中获得更好的认可度和影响力,推动乡村经济的发展和转型升级。

(三)品牌设计

品牌命名与标志设计是乡村振兴品牌创建的重要环节,要选择恰当的品牌名称,设计一个符合乡村振兴定位和形象的品牌标志。在品牌命名过程中,需要考虑品牌的定位、目标受众和特色,选择一个恰当、独特且易于记忆的品牌名称。一个好的品牌名称和标志可以准确传达乡村振兴的核心理念、特色和形象,与消费者产生情感共鸣,并帮助消费者建立品牌的识别度和认知度。在品牌命名上,要突出乡村特色,体现乡村的地域特色、文化元素、产品特点等,避免使用过长或复杂的名称,并与目标市场和受众的需求相契合,以此增加品牌辨识度以及与乡村振兴目标的契合度。品牌标志设计则是根据品牌的定位和形象,设计一个符合品牌特点的标志。标志设计要注重融入与乡村振兴相关的元素,如农业产品、乡村风貌、自然环境等,以达到与目标消费者的情感共鸣。在品牌标志设计方面,品牌标志设计应采用直观的图形符号,以确保在大众中传递信息时的简洁性和易识别性,且要能够代表乡村振兴的核心理念和特色,同时具备美观性和独特性。这样的设计可以增强品牌的身份认同感和地域特色,使消费者在看到标志时能够迅速联想到乡村振兴的意义。在色彩运用上,应考虑到乡村形象和品牌定位,运用与乡村相关的自然色彩,如绿色、黄色等,以表达其清新、自然、健康的特点,或者选用其他色彩以凸显其品牌的独特性和创新性。字体的选择也十分重要。字体的风格应与品牌定位相符,为标志设计增添特色和独立性,可以选择现代的、简洁的字体,也可以选择富有乡村特色的手写或装饰性字体,以展示品牌个性和品牌定位。在品牌命名和标志设计过程中,需要进行充分的市场调研和情感分析,确保品牌名称和标志能在目标市场中产生积极的反应,并与乡村振兴的理念和目标相符合。同时,借助专业的设计团队或咨询机构提供专业的品牌命名和标志设计服务,确保品牌的形象与要求的一致性,提升品牌的可信度和影响力。

(四)品牌故事

打造乡村振兴的品牌故事,提炼出有代表性的传播素材,加强品牌的宣传和推广。品牌故事和传播素材是乡村振兴品牌传播的重要内容。挖掘乡村振兴背后的故事、成功案例和核心价值,可以创作一个引人入胜、有感染力的品牌故事。同时,创作和收集与乡村振兴相关的图片、视频、文章等传播素材,以丰富品牌内容,增强传播效果。这些传播素材可以用于宣传推广,通过广告传媒、社交媒体等渠道,塑造乡村振兴品牌的形象和价值观。讲好品牌故事,可以讲述乡村的悠久历史和独特文化,强调乡村的传统价值和民俗风情,创作出独特的品牌故事;可以讲述乡村居民的努力奋斗故事,突出他们对乡村振兴的贡献和乡村发展的投入;可以从农产品故事出发,介绍乡村特产和农产品的生产过程,强调纯正和原生态的特点,展现乡村的丰饶和农产品的优质。在故事传播过程中,要注意生态环保,强调乡村振兴的生态环保理念和可持续发展,传达对乡村环境的保护和生态文明建设的重视。同时,制作具有感染力和吸引力的视频与图片,展示乡村美景、特色建筑、农田景色、农产品加工等,以视觉方式吸引观众的注意力。参与重大乡村振兴活动,为活动进行专业报道和宣传,通过媒体传播乡村振兴的成就和乡村的发展,提高品牌曝光度。

二、乡村振兴品牌推广体系

乡村振兴品牌推广体系是指一系列的活动和措施,旨在提升乡村振兴品牌的知名度、影响力和市场份额。要建立一个成功的乡村振兴品牌推广体系,需要根据品牌定位和目标受众的特点来确定适合的推广手段和渠道。同时,要与品牌策划、传播和营销团队紧密合作,制定推广计划和执行策略,不断监测和评估推广效果,进行调整和改进。

(一)媒体宣传

乡村振兴品牌的成功推广离不开媒体宣传,可以通过电视、广播、报纸等传统媒体,以及互联网、社交媒体等新媒体渠道,发布有关乡村振兴品牌的宣传报道、广告和文章,增加品牌曝光度。乡村振兴品牌应建立稳固的媒体关系,并确保提供有价值、有深度的信息和内容,吸引媒体的兴趣和关注。此外,还需要与媒体定期沟通,及时回应媒体和公众的关注与问题,维护良好的公众形象和声誉。可以通过以下渠道开展媒体宣传。

1. 新闻稿和新闻发布会

编写精心策划的新闻稿,介绍乡村振兴的成果、项目、活动等,并定期组织新闻发布会,邀请媒体记者、专家学者参与,通过新闻媒体将信息传递给公众。

2. 专题报道和采访

与媒体建立合作关系,邀请媒体记者进行深入的专题报道和采访,展示乡村振兴的成功案例和发展前景,呈现品牌的故事和成就。

3. 广告投放

在报纸、杂志、电视、广播以及互联网等渠道投放乡村振兴品牌的广告,突出品牌的核心价值和亮点,吸引公众的目光。

4. 社交媒体传播

积极利用社交媒体平台,建立品牌的官方账号,发布品牌相关的内容,包括图片、视频、故事等,与网民互动,引发共鸣和参与。

5.合作项目宣传

与知名媒体、公众人物等建立合作关系,通过其影响力和号召力推广乡村振兴品牌,参与一些公益项目和活动,扩大品牌的影响力。

6.口碑营销

通过优秀的品牌形象和服务,创造正面口碑,在媒体和社交媒体上不断积累好评和推荐,吸引更多目光和参与。

7.数字化宣传

利用当今数字化的媒体形式,例如短视频平台、移动应用程序等,创作有趣和引人入胜的内容,以吸引年轻受众的关注。

(二)展会和活动

展会和活动是推广乡村振兴品牌的重要手段,通过展会和各种活动,可以展示乡村振兴的成果和品牌形象,吸引更多的关注和合作机会。在展会和活动中,重要的是展示品牌的核心理念和价值观,与参与者进行互动和交流,让他们深入了解乡村振兴项目的意义和价值,同时也让品牌在消费者心中留下深刻印象。此外,与媒体合作,在展会和活动中加强对活动进程和成果的报道与宣传,扩大品牌的影响力和知名度。展会和活动是营造品牌氛围、推动品牌发展的重要方式,必须注重策划和组织,确保活动的顺利进行和宣传效果的达成。举办展会和活动,可以从以下方面入手。

1.乡村振兴主题展会

组织乡村振兴主题的展览会或展示活动,邀请相关机构、企业、专家学者以及乡村振兴项目的代表参与,展示乡村振兴项目的成果、特色和发展情况,吸引媒体、投资商和公众的关注。

2.农产品展销会

办农产品展销会,集中展示乡村地区的优质农产品,让人们亲身体验乡村特产的品质和美味,提高人们对乡村品牌的认知和好感度。

3.农业科技展示活动

组织农业科技展示活动,推广现代农业技术和创新成果,展示乡村地区农业生产的高效性和可持续性,提升乡村振兴品牌在科技领域的形象。

4. 文化活动

举办以乡村振兴为主题的文化活动,包括民俗表演、传统手工艺展示、乡土美食体验等,展示乡村地区独特的文化内涵和乡土特色,提升乡村振兴品牌的文化价值和影响力。

5. 参观考察活动

组织专业人士、媒体记者、投资商等参观考察乡村振兴项目,让他们亲身感受项目的成果和前景,加深他们对品牌的认可和信任。

6. 品牌推广活动

举办品牌推广活动,如乡村振兴主题演讲、论坛研讨会、创业大赛等,邀请乡村振兴领域的专家学者、成功企业家等分享经验和观点,激发公众对乡村振兴的兴趣和热情。

(三)旅游推广

乡村振兴品牌推广体系中,旅游推广是一个重要的方面。乡村旅游是乡村振兴战略的重要支撑和推动力量,通过旅游推广可以促进乡村地区的经济发展、文化传承、生态保护等。以下是一些关于乡村振兴品牌在旅游推广中的应用和策略。

1. 乡村旅游宣传

利用各种媒体渠道,包括电视、广播、报纸、杂志、社交媒体等,宣传乡村旅游的特色、景点和旅游体验,引起游客对乡村地区的兴趣和探索欲望。

2. 旅游线路规划

根据乡村地区的特色资源和旅游需求,规划各类主题的旅游线路,如文化遗产线路、生态旅游线路、农事体验线路等,推动乡村振兴品牌形成独特的旅游吸引力。

3. 农家乐与民宿发展

鼓励乡村地区发展农家乐和民宿业,提供舒适、具有乡土特色的住宿和餐饮服务，以满足旅游者对真实乡村生活体验的需求。

4. 乡村旅游活动

举办乡村旅游节庆、活动，如花灯节、传统民俗表演等，吸引游客参与，提升旅游体验和品牌认知度。

5. 游客体验和互动

提供丰富的旅游体验项目，如农作体验、手工艺制作、农产品采摘等，让游客亲身参与乡村生活和农事活动，增强与品牌的情感连接。

6. 合作联盟建设

与相关旅游企业、旅行社、酒店等建立合作联盟，共同推广乡村旅游品牌，互通有无，实现资源共享和合作营销。

7. 培训和推广活动

组织培训和推广活动，提升乡村地区旅游从业人员的业务能力和服务质量，加强与游客的互动和沟通。

(四)文化传承

文化传承是乡村振兴品牌推广体系中不可或缺的重要环节。乡村地区承载着丰富的历史文化和民俗传统，通过弘扬乡村文化，可以增强乡村品牌的独特性和吸引力。以下是关于文化传承在乡村振兴品牌推广体系中的应用和策略。

1. 历史文化遗产保护

重视乡村地区的历史文化遗产保护工作，包括传统建筑、古老村落、文物和艺术品等，通过修缮、保护和展示，让游客感受乡村悠久的历史和文化积淀。

2. 传统技艺传承

鼓励乡村地区传统技艺的传承和发展，如传统手工艺、农耕技术、民间艺术等，通过培训、展示和销售，将传统技艺融入乡村品牌推广活动，提升品牌的文化内涵。

3.民俗节庆活动

举办传统的民俗节庆活动,如龙舟比赛、舞狮表演等,让游客亲身参与和体验乡村的传统文化,提升乡村品牌在文化传承方面的知名度和认可度。

4.文化教育与交流

开展乡村文化教育活动,包括文化讲座、学术研讨、文化考察等,促进文化交流与合作,吸引专家学者、艺术家、文化爱好者等来到乡村地区,推动文化传承与乡村振兴的有机结合。

5.优秀传统文化展示

通过文化展览、艺术展示等形式,展示乡村地区的优秀传统文化,如民歌、舞蹈、戏曲等,激发游客对乡村品牌的兴趣和提升认同感。

6.文化产业发展

支持乡村地区的文化产业发展,如手工艺品制作、传统美食加工、文化旅游产品开发等,将传统文化与产业相结合,为乡村振兴品牌提供经济支持和可持续发展的基础。

7.文化传承与新创意结合

鼓励传统文化与创新相结合,推动新的文化元素和理念融入乡村振兴品牌推广中,保持传统文化的活力和时代感。

(五)口碑营销

口碑营销是一种强有力的营销手段,是乡村振兴品牌推广体系中的重要环节。游客的真实反馈和推荐能够产生更高的信任度和影响力,如让消费者、用户分享他们体验乡村振兴品牌的故事。正面的口碑传播可以有效增加品牌的可信度和影响力,吸引更多的顾客和支持者。

1.提供优质的产品和服务

乡村振兴品牌应注重提供优质的产品和服务,以满足游客的需求和期望,产生积极口碑,吸引更多人前来体验。

2.创造独特的体验

为游客提供独特而难忘的体验,例如举办特色活动、提供特色住宿和餐饮等。游客的积极体验和分享将成为品牌口碑推广的主要来源。

3.建立良好的客户关系

与游客建立良好的互动和沟通,回应他们的疑问和反馈,提供个性化的服务。良好的客户关系能帮助建立游客对品牌的忠诚度,促使他们通过口口相传推荐乡村地区的产品和服务。

4.利用社交媒体和在线评论平台

社交媒体和在线评论平台是口碑营销的重要渠道。乡村振兴品牌应积极运用社交媒体平台,分享乡村振兴品牌的故事、照片和视频,并与游客进行互动,并且及时回应评论和评级,积极面对负面反馈,并提出解决方案。

5.合作推广

与当地媒体、旅行社、博主和其他相关行业合作,共同推广乡村振兴品牌。例如,邀请专业的旅行写作者前来体验,并在媒体上撰写推荐文章。这样的合作推广将增强品牌的曝光度和提升可信度。

6.制作口碑营销物料

制作具有吸引力和信息丰富的宣传材料,如手册、小册子、地图等。这些材料可以在旅游信息中心、酒店、景点等地方发放,引导游客了解和体验品牌,并鼓励他们与他人分享。

7.培养品牌大使

与当地居民、业主、志愿者等建立良好关系,分享品牌的目标和愿景,培养他们对品牌的忠诚度和口碑。品牌大使可以通过口述、社交媒体和身体力行的方式传播品牌的价值观和独特性。

三、乡村振兴品牌升值体系

乡村振兴品牌升值体系是提升乡村振兴品牌的价值和竞争力的一套系统的方法与策略。乡村振兴品牌升值体系需要综合考虑品牌定位、形象设计、产品创新、市场推广、合作营销、口碑管理和持续监测等因素,以提升品牌的价值和竞争力,实现乡村振兴的目标。这需要品牌所有者和利益相关者共同努力,不断创新改进、与时俱进。

(一)品牌价值观培养

乡村振兴品牌需要持续培养品牌价值观,以区分于其他品牌。在乡村振兴品牌升值体系中,品牌价值观起着关键作用,一个清晰而有吸引力的品牌价值观,可以帮助乡村振兴品牌在市场中脱颖而出,并树立起独特的形象和良好的声誉。乡村振兴品牌需要明确自己的价值主张,即为游客提供什么样的价值和体验。例如,注重环保可持续发展、文化传承、健康生活方式等方面的价值主张,可以与目标市场的关切点相契合,以吸引游客和消费者。或者,乡村振兴品牌秉持环境友好和可持续发展的价值观,可通过推广生态旅游、农业可持续发展和低碳生活方式等,实现经济发展与环境保护的良性循环。通过坚守正确的核心价值观,乡村振兴品牌可以打造与众不同的形象,吸引更多游客和投资者的关注,并实现品牌的长期升值。

(二)品牌形象和设计

在乡村振兴品牌升值体系中,品牌形象和设计是至关重要的组成部分。一个令人印象深刻和引人注目的品牌形象可以有效吸引消费者和游客的关注,传达品牌的价值和理念。乡村振兴品牌的形象设计包括标志、名称、标语、色彩等元素,这些元素应该能传递品牌的核心价值观和特点,同时具有识别性和吸引力。良好的品牌形象设计,可以增加品牌的价值和吸引力。

1.品牌标志

品牌标志是品牌形象的核心,它可以通过图形、颜色和字体等元素传达品牌的特色和价值观。对于乡村振兴品牌而言,品牌标志可以采用与乡村文化、自然景观和传统元素相关联的设计,以打造独特的形象和身份。

2.视觉识别系统

乡村振兴品牌应该建立统一的视觉识别系统,确保在各种媒介和渠道上都能保持一致的形象。这包括标志的应用规范、品牌色彩的选择、字体的使用等,以确保品牌的一致性和易于识别性。

3.产品和包装设计

乡村振兴品牌的产品和包装设计应与品牌形象相符,体现品牌的独特性和价值观。精心设计的产品和包装外观,可以引起顾客的兴趣和购买欲望。例如,对于乡村农产品品牌,可采用自然、健康、可持续的设计风格,体现其与自然环境的关联和品质保证。

4.网站和线上媒体设计

乡村振兴品牌的网站和线上媒体是与消费者和游客进行互动的重要渠道。一个对用户友好、具有吸引力和信息清晰的网站和线上媒体界面,有助于提升用户体验、品牌形象和传播效果。优秀的设计,可以使用户更容易了解品牌故事、产品信息和相关活动。

5.广告设计和媒体传播

乡村振兴品牌可以利用各种媒体渠道进行广告宣传和品牌传播。在广告设计和媒体传播中,需要将品牌的独特性和核心价值观呈现给目标受众。精心设计的广告,可以引起目标受众的兴趣,传达品牌的独特形象和价值观。

(三)产品和服务等创新

在乡村振兴品牌升值体系中,产品和服务创新是至关重要的组成部分,乡村振兴品牌的升值需要通过创新产品和服务来实现,包括开发具有乡村特色和地域文化的产品,提供独特的乡村旅游体验,提高产品的品质和附加值等方式。还需要进行技术创新、可持续发展创新,以及品牌故事和文化创新等。

1.产品创新

乡村振兴品牌可以通过创新产品的设计和开发来提升品牌价值,包括开发新颖、独特的产品,并结合当地资源和文化特色,满足消费者对品质、健康、环保等方面的需求。例如,可以开发特色农产品、手工艺品、乡村旅游体验产品等,以增加品牌的竞争力和吸引力。

2.服务创新

除了产品创新,服务创新也是提升乡村振兴品牌价值的关键因素。乡村振兴品牌通过提供个性化、差异化的服务体验,可以与消费者建立更紧密的联系,增加用户对品牌的满意度和忠诚度;通过开发定制化的旅游行程,提供农家乐、农业观光等增值服务,可以为消费者提供独特的乡村体验。

3.技术创新

技术创新在乡村振兴品牌的产品和服务中扮演着重要的角色。运用先进的技术和设备,如物联网、大数据分析、无人机等,可以提高生产效率、品质控制和服务水平。例如,利用无人机进行农田巡查、无人驾驶技术提供交通服务等,可以为乡村振兴品牌建设带来竞争优势。

4.可持续发展创新

乡村振兴品牌应注重可持续发展,在产品和服务上融入环保理念与社会责任。例如,开发绿色农产品、推广有机农业等符合生态环保和健康需求的创新产品。同时,推行环境友好的管理和运作方式,以社会责任为导向,提供可持续发展的服务。

5.品牌故事和文化创新

在乡村振兴品牌升值中,品牌故事和文化创新也是重要的方面。弘扬乡村地区的传统文化和人文历史,打造独特的品牌故事,可以让消费者对品牌产生认同感和好感;也可以与当地艺术家、手工艺人等合作,进行文化创意产品的开发,推动乡村文化的传承和发展。

(四)品牌联合营销

在乡村振兴品牌升值体系中,乡村振兴品牌可以与其他品牌、机构和组织进行合作和联合营销,从而提升品牌的市场影响力和竞争力。通过与相关产业链上的企业或组织进行合作,乡村振兴品牌可以实现资源共享、互惠互利的效果,提升品牌的知名度和价值。在实施品牌合作和联合营销时,乡村振兴品牌需要找到与自身定位和目标市场相契合的合作伙伴。合作伙伴之间应建立互信和互利的合作关系,并明确各自的责任和目标;定期进行沟通和评估合作效果,并及时调整策略,以实现共赢和发展。

1.扩大品牌影响力

通过与其他企业或组织进行合作,乡村振兴品牌可以扩大品牌的影响力。合作伙伴可能包括旅游机构、酒店、餐饮业、文化机构等,在各自领域具有影响力和资源的合作伙伴能够帮助乡村振兴品牌扩大运营和市场覆盖范围。

2.资源共享与优势互补

品牌合作和联合营销可以实现资源共享与优势互补。乡村振兴品牌可能有独特的地域资源、农产品、手工艺品等,而合作伙伴可能具有市场渠道、品牌影响力、创新技术等其他资源。通过合作,乡村振兴品牌可以获得更多的资源支持,提升产品质量和服务水平。

3.创新营销活动

乡村振兴品牌与其他品牌机构和组织进行合作和联合营销,可以共同开展创新的营销活动,包括联合推出产品、共同举办活动、联合广告宣传等。合作伙伴可以共同投入资源和精力,创造独特的消费体验,吸引更多的消费者和游客。

4.提高市场竞争力

乡村振兴品牌与其他品牌的合作可以提高市场竞争力。通过合作,乡村振兴品牌可以凭借合作伙伴的品牌影响力和市场份额,提升自身的市场地位。联合营销活动也可以吸引更多的目标消费群体,增加市场份额和销售额。

5.互相促进共同发展

通过品牌合作和联合营销,各方可以共同促进乡村振兴事业的发展。通过共同努力,乡村振兴品牌可以提升产业链的完整性和增强产业竞争力,而乡村振兴品牌的成功也有助于提升合作伙伴的形象和业绩,实现可持续发展。

(五)持续品牌管理

乡村振兴品牌升值需要进行持续的品牌管理和监测,包括品牌形象和声誉的管理、品牌创新和营销策略的不断优化,以及与消费者和市场的互动与沟通。定期监测品牌价值和市场反馈,并进行评估和调整,可以确保品牌在乡村振兴中保持竞争力和持续增值。

1.品牌战略管理

需要定期评估和审视乡村品牌的定位和战略是否与市场需求和竞争环境相符。了解目标受众、市场趋势和竞争对手的变化,可以调整品牌定位和制定相应的发展战略。

2.品牌形象管理

需要持续管理和塑造乡村品牌形象,确保品牌传递的价值和形象与目标受众的期望相一致。这包括设计和更新品牌标识、包装、宣传物料等,以及与消费者的互动和沟通,树立积极、正面的品牌形象。

3.品牌质量管理

需要确保乡村品牌的产品和服务质量符合标准和消费者期望。持续监测产品质量、客户满意度和售后服务等指标,并及时采取措施解决问题和改进产品。

4.市场竞争分析

需要持续对市场进行监测和竞争分析,了解市场趋势、消费者需求和竞争对手的动态,通过市场调研、消费者洞察和竞争对手分析等手段,及时调整品牌策略和行动计划。

5.反馈和评估

需要收集消费者反馈和市场数据,并进行评估。了解消费者对品牌的感受、意见和需求,及时调整策略和改进品牌管理的方向。

四、乡村振兴品牌评价体系

乡村振兴品牌评价体系的设计和具体指标可以根据具体情况和目标进行调整和补充。综合评估这些关键要素,可以得出对乡村振兴品牌进一步发展的建议和策略。乡村振兴品牌评价体系是用于评估和衡量乡村振兴品牌的综合指标和标准体系。它可以帮助评估乡村振兴品牌的发展水平、市场认知度、品牌形象、影响力等方面的情况,以便提出改进和发展的建议。

(一)市场表现评价

乡村振兴品牌的市场表现评价是评估品牌在市场中的表现和成效的一种方法。市场表现评价通过市场调研和销售数据分析,评估品牌在市场中的表现和影响力,了解品牌市场份额和消费者满意度。这种评价体系可以帮助品牌管理团队了解品牌在市场中的竞争力、知名度、市场份额等关键信息,并据此制定相应的改进措施和策略。评价乡村振兴品牌的市场表现需要收集和分析大量的数据与信息,可以利用市场研究公司、行业报告、消费者调研等来获取必要的数据,并根据这些数据进行综合分析和评估。可以从以下指标对品牌的市场表现进行评价。

1. 市场份额

市场份额是指品牌在特定市场中的销售额占总销售额的比例。评估乡村振兴品牌的市场份额,可以了解品牌在市场中的竞争力和销售表现。

2. 品牌知名度

品牌知名度是指消费者对乡村振兴品牌的知晓和熟悉程度。可以通过市场调研、调查问卷等方式评估品牌在目标受众中的知名度。

3. 市场增长率

市场增长率是指品牌在市场中相关领域的总体增长速度。评估品牌的市场增长率可以了解品牌在市场中的吸引力和发展潜力。

4. 消费者满意度

消费者满意度是指消费者对商品或服务的满意程度。可以通过用户调研、投诉反馈等方式评估品牌在消费者心目中的口碑和满意度。

5. 市场调研数据

分析市场调研数据,包括市场规模、市场趋势、竞争对手分析等,有助于全面了解市场状况和品牌在市场中的位置。

(二)社会影响评价

乡村振兴品牌的社会影响评价是评估品牌对社会影响和贡献的一种方

法。社会影响评价主要是评估乡村振兴品牌对当地社会经济、环境和文化的影响,考察品牌在当地社会的认可度和形象塑造的效果。

1.经济贡献

乡村振兴品牌的经济贡献是评估品牌对于当地乡村经济发展的贡献程度,包括品牌所带动的就业机会、创造的税收收入、对当地农民和创业者的支持等方面。

2.社会责任

乡村振兴品牌的社会责任是指品牌对社会环境、当地居民和乡村文化的积极影响和贡献,包括品牌在环境保护、公益慈善、社区建设等方面的举措和行动。

3.文化保护和传承

乡村振兴品牌评价体系中的社会影响评价考虑了品牌对乡村文化保护和传承的作用,包括品牌对传统工艺、民俗文化、乡村旅游等方面的保护、传承和推动。

4.社会认可度

评估乡村振兴品牌的社会认可度,可以了解品牌在社会中的声誉和形象,包括公众对品牌的认知度、信任度,以及声誉等方面的评估。

5.可持续性

乡村振兴品牌的可持续性是评估品牌的长期发展和影响力的持续性方面的考量,包括品牌的创新能力、长期战略规划、对社会和环境影响的可持续性等方面。

(三)品牌价值评估

品牌价值评估是评估品牌在市场中所具有的价值和影响力的一种方法。建立品牌价值评估模型和方法,定期评估乡村振兴品牌的价值,包括品牌资产、品牌贡献和品牌活力等方面,能够帮助我们了解乡村振兴品牌在消费者心目中的地位、品牌知名度、消费者忠诚度以及品牌在市场竞争中的影响力。在评价乡村振兴品牌的品牌价值时,可以综合考虑以上要素,并借助相关的数据和研究方法进行评估。例如,通过品牌调研、消费者调查、市场份额数据、收益数据等,进行综合分析,量化和评估品牌的价值。

1. 品牌知名度评估

评估乡村振兴品牌在目标市场中的知名度和认知度,包括消费者对品牌的熟悉程度、品牌的曝光度以及品牌在消费者心目中的印象。

2. 品牌形象评估

评估乡村振兴品牌的形象和声誉,包括品牌的价值观、个性化特点、故事性以及品牌所传递的情感等因素。

3. 消费者忠诚度评估

评估消费者对乡村振兴品牌的忠诚度和购买意愿,包括消费者反复购买的意愿、推荐品牌给他人的倾向以及对品牌的依赖程度。

4. 品牌资产评估

评估乡村振兴品牌所拥有的品牌资产和品牌价值,包括品牌的知识产权、品牌的商标价值以及与品牌相关的专利和技术等。

(四)持续改进评价

乡村振兴品牌评价体系中的持续改进评价是指对品牌评价体系进行不断的更新和改善,以适应市场环境和需求的变化,并确保品牌评价体系的准确性、有效性和可操作性。需要定期进行品牌管理效果评估和品牌策略调整,不断改进和提升乡村振兴品牌的管理水平和绩效。

1. 数据收集与分析

定期收集和分析与品牌相关的数据是持续改进评价的基础,可以通过市场调研、消费者调查、行业分析等方式收集必要的数据,并进行深入分析,以获得关于品牌影响力、消费者偏好、市场趋势等方面的洞见。

2. 信息反馈

定期收集反馈意见,并进行反思是持续改进评价的重要环节,可以通过消费者反馈、品牌调查、市场反应等途径获取品牌表现的反馈信息,并结合市场动态对评价体系进行改进。

3.与利益相关者的合作

与乡村振兴相关的利益相关者,如消费者、政府、企业等,进行合作与沟通,以了解他们的需求和期望,从而指导评价体系的改进和调整。

4.推动持续改进文化

持续改进的文化氛围是有效进行品牌评价体系改进的关键。组织内部需要重视持续改进文化的重要性,并激励团队成员积极参与改进行动,推动评价体系的不断优化。

5.技术支持与创新

利用先进的技术手段和创新方法,如人工智能、大数据分析等,支持品牌评价体系的持续改进。这些技术和方法可以提供更全面、准确和及时的数据,帮助发现潜在的问题和机会,从而指导评价体系的改进。

第四章
乡村振兴品牌建设的域外经验

⊙ 美国："特色小镇"模式
⊙ 日本："一村一品"模式

乡村振兴战略致力于解决我国城乡发展差距、促进乡村经济增长和社会进步。我国在乡村振兴领域已经有了一些成功的经验和模式，各地方政府、农业合作社、企业等也在积极探索创新，寻找适合自身乡村振兴品牌建设的路径。尽管乡村振兴战略是以我国的社会主义国情为背景，但依然可以借鉴域外经验与做法，吸收国际先进乡村治理经验，提高我国乡村全面振兴的效率与速率，比如将农田转型为旅游目的地、农产品品牌化和地理标志保护、社区合作和民间组织参与等。需要指出的是，乡村振兴是一个复杂的系统工程，域外经验只能作为参考，需要结合我国的国情和实际情况进行调整和运用。因此，本章主要分析域外乡村振兴品牌建设的成功经验，如美国、日本、韩国、欧盟等国家和地区，总结其模式的特点并为我国乡村振兴品牌建设提供经验，主要探讨的是域外乡村振兴品牌建设为何成功、我国应如何借鉴的问题。

第一节

美国："特色小镇"模式

一、模式介绍

在西方发达国家，"特色小镇"的发展历史相当悠久，且已形成了一批世界闻名的小镇。这些特色小镇各具特色，诸如公司镇、家族镇、会议镇、旅游镇等，多以某个独特功能而产生全球范围内的影响力。美国的特色小镇之所以极具特色且长盛不衰，关键在于城乡差距不大。第一，在水、电、网、道路等基础设施方面，特色小镇和城市一样，都达到了很高的建设水平，不会出现极端差距。美国的特色小镇一般会存在一个综合性的购物中心，其内部有各种全国连锁商店以及速食连锁店、服装品牌店和影剧院等，涵盖购物、生活、休闲和娱乐等各个方面,足以满足小镇居民的日常生活需求。此外,美国的特色小镇也拥有不错的医疗和教育资源。许多大学都设在小镇上,能培养各类专业技术人员,同时还有医学院和附属医院,能够满足当地居民的医疗需求与教育需求。第二,在公司选址方面,诸多公司总部都会选择特色小镇,这不仅节约了公司开支,让员工享有较低的生活成本、居住成本和出行成本,也为小镇居民提供了更多就业机会,还能吸引人才和企业投资,反过来促进小镇的发展,一些小镇甚至发展成为大学城、创业中心或新技术中心。第三,在交通方面,美国的特色小镇有密集的高速公路和铁路网,能够将小镇居民与外部世界连接起来。此外,在美国的特色小镇,机场也很常见,这为特色小镇居民提供了便利的出行选择。

美国的特色小镇一般分为三种类型,文旅类特色小镇、产业类特色小镇以及科技类特色小镇。文旅类特色小镇以其独特的风光资源和鲜明的主题吸引了大量的游客和投资,这些小镇充分结合当地的文化和传统,通过举办各种活动和展览来展示其独特的文化魅力,其成功之处在于将风景名胜和文化遗产与旅游业、艺术、娱乐等结合,打造出富有吸引力的旅游目的地。产业类特色小镇则对环境和产业的属性要求较高,其成功离不开国家的经济实力、金融发达程度、地理位置、人才、税费、交通、环境和信息技术等各方面的因素,通常具有唯一性和难以复制性的特点。科技类特色小镇是依托一个企业总部发展起来的,通常与世界知名院校合作,为企业发展提供必要的科研和人才力量。这些小镇通过吸引高新技术企业和研究机构,建立创新的生态系统和科技创新中心,推动科技产业发展,成为吸引人才和促进科技创新的重要枢纽。

乡村小镇在美国以及西方发达国家十分常见,且都具有差异化、品牌化的功能特征,形成了各具特色的知名小镇,这对我国乡村振兴品牌的特色化建设具有重要启发意义。

二、代表案例

(一)斯普鲁斯溪飞行社区(Spruce Creek Fly-in)

"住宅型航空小镇"或"飞行社区"的概念起源于第二次世界大战后的美

国。如今,这一概念已成为私人飞行爱好者的现实,并经过数十年的发展初成规模。

斯普鲁斯溪,又名云杉溪机场,曾用名为萨姆苏拉(Samsula)机场,是美国规模最大、最为典型的航空小镇之一。小镇在行政区划上归属于美国佛罗里达州沃卢西亚县帕特奥兰治城,地处美国东南部墨西哥湾沿海平原地带,东濒大西洋,靠近戴托纳海滩。受大西洋海风和地转偏向力的影响,斯普鲁斯溪地区形成了亚热带季风性湿润气候,这使其成为佛罗里达州最宜人的居住地区之一,每年的3月、4月和11月是斯普鲁斯溪气候最为舒适的月份。多晴天,能见度高,风速低于美国平均水平,冬季降雪少,无冰期长,这也为斯普鲁斯溪提供了飞行的有利条件。飞行社区的特征在于远离城市而静谧安逸,斯普鲁斯溪飞行社区正坐落于此。虽然住宅型航空小镇大都不建在市中心,但斯普鲁斯溪小镇居民的日常生活还是非常便利的。这个大型的、极具规模的、成熟的飞行社区几乎可作为一个完全自给自足的小镇,能为业主们提供能想象到的所有飞行与生活所需的设施和服务。

斯普鲁斯溪被誉为美国乃至全球最具有影响力的飞行社区之一,是飞行社区的典范。从一个废弃空军基地摇身变为世界最典型的航空小镇,斯普鲁斯溪成功的秘诀在于"飞行"概念的先驱性以及斯普鲁斯溪飞行社区建设的标杆性。斯普鲁斯溪飞行社区的先驱性在于引领了一种全新的飞行文化和社区规划理念,麦金利·康威是这个开拓性飞行社区项目的发起者和推动者,他买下一架飞机后意识到,飞机在空中的机动性很强,但车辆交通却很拥堵,因此设想了一个飞行自由的社区,即可以把飞机滑行到办公室和工厂,并将其停在门口的概念。由杰·汤普森领导的佛罗里达州Thompson Properties公司在20世纪70年代末收购了云杉溪机场,并将其改造成商业用地,建设了一个强调低密度、高价值的乡村俱乐部社区,这使斯普鲁斯溪成为世界上第一个完全飞行自由的社区,成为航空小镇的先驱,并在飞行社区规划方面树立了标杆。

斯普鲁斯溪飞行社区之所以能够发展成如此规模并形成一定的氛围,可以归因于以下几个因素。第一,普及的飞行文化。美国有着丰富的航空历史和航空文化传统,民间通用航空极为普遍。多个民间协会如美国实验飞机协会(EAA)、航空器拥有者及驾驶员协会(AOPA)、通用航空制造商协会(GAMA)

等,通过宣传普及飞行概念和培养飞行人才,为热爱飞行的人们提供了丰富的资源和支持。第二,精细化的政策法规。美国为民间通用航空提供了相对开放的空域环境和航空服务体系,具体包括科学划分空域、航图资源的实时更新以及飞行服务站为飞行员提供全方位的服务等。此外,在美国获得私人飞行驾照相对容易和方便,市场准入制度也支持私人飞机的存在。第三,完善的基础设施建设。美国拥有大量的机场,包括私人机场和通用航空机场,为私人飞机的起降提供了便利。此外,销售和维护私人飞机以及航空零部件的开放市场和可接受的价格也促进了私人航空市场的发展。斯普鲁斯溪飞行社区的发展模式是通过将航空与居住结合,打造一个集飞行、社区生活和休闲娱乐于一体的特殊社区。航空是该社区的核心点和优势,为居民提供了独特的生活方式和丰富的航空体验,这种通航+居住的模式为我国航空小镇的建设与发展提供了可借鉴的经验和启示。

(二)好时小镇(Hershey)

欧美国家拥有众多依托一家全球性企业及其完整产业链而发展起来的"产业 + 文旅"型特色小镇,被称为"公司镇",美国的好时小镇是其中的典型。

好时小镇坐落于美国宾夕法尼亚州首府哈里斯堡市的东部市郊,是北美地区最大的巧克力及巧克力类糖果制造商好时企业的所在地,该小镇以独特的发展模式和以巧克力为主题的文旅产业而闻名。好时小镇的创始人米尔顿·好时从一家巧克力工厂做起,逐步成长为北美地区最大的巧克力及巧克力糖果制造商之一。好时企业选择在哈里斯堡市郊建造巧克力制造工厂,主要出于两方面原因:其一,好时小镇是米尔顿·好时先生的出生地,这在一定程度上具有象征意义;其二,哈里斯堡市是宾夕法尼亚州的重要交通要塞和贸易口岸,位于横贯东西海岸、纵贯南北的交通和贸易节点上,这为好时企业提供了便捷的物流网络,有助于其扩大销售市场。

好时小镇的发展历程超过100年,它从最初的一家巧克力工厂起步,如今已发展成为一个以巧克力主题为核心的旅游城市。好时小镇拥有三家现代化的巧克力工厂,是全球最大的巧克力产地之一,这些工厂以高效的生产线和设备,每天不间断地生产运转大量的巧克力产品,仅仅KISSES这一品种的巧克力,每天的产量就高达3300万颗,体现出好时公司在巧克力制造业的领先地位。20世纪上半叶,好时小镇以好时公司为核心建设而成,三家现代化的巧克力工厂构成了小镇最重要的组成部分,大部分居民都是好时公司的员工。为了提供良好的生活环境,好时夫妇遵循现代社区理念,创建了一个乌托邦式的社区。好时先生出资修建了道路,并建设了各种公共设施,包括好时百货公司、好时银行、好时饭店、男子俱乐部、女子俱乐部、教堂、学校,以及花园、动物园、公园和高尔夫球场等,这些公共设施和景点不仅为工厂员工的生活提供了便利,也为整个社区创造了宜居和宜业的环境。为了促进旅游业的发展,好时小镇还建造了以巧克力为主题的乐园。乐园中拥有演示作坊、巧克力世界博物馆以及现代化的游乐设施,还提供了与好时巧克力相关的互动和娱乐项目,让游客更加深入地了解好时巧克力的制作过程和品牌文化,每年吸引了数十万的游客。好时公司的巧克力IP为好时小镇衍生出了丰富的文化特色,好时巧克力成为小镇特有的文化符号,给小镇带来了独特的魅力。其中,巧克力大道和可可大道是好时小镇的象征。巧克力大道上的128盏路灯的灯罩都采用了KISSES巧克力的形状,为道路增添了巧克力的氛围。整个巧克力大道上种植了可可树丛,建筑的立面装饰和颜色也融入了好时巧克力的形象,为小镇创造了独特的视觉风格。小镇的入口和各个角落都体现了好时巧克力的品牌形象,无论是道路、人造景观还是建筑物,都带有好时巧克力的标志和形象。通过创造衍生文化,好时小镇成为一个充满巧克力文化氛围的地方,吸引着喜爱巧克力的人们前来参观、品尝和购买好时巧克力产品。这不仅为好时公司带来了商业上的成功,也为小镇创造了文化和旅游价值,成为一个独特而引人注目的地方。好时小镇的建设不仅仅是为了提供基础设施,更是为了塑造一种社区文化和价值观,好时公司也成为小镇历史文化发展的见证与象征,凝聚了人们对美好生活的追求和奉献精神。

好时小镇的成功在于形成了以产业为基础带动文旅发展的建设路线。好时小镇将巧克力产业作为核心,通过建立完整的巧克力全产业链,实现了从原材料采购、加工制造、包装到销售的一体化运作。在打造巧克力产业基础的同时,完善各种相关配套设施和服务,巧妙地将好时巧克力的主题IP融入小镇的公共设施和居民生活中,并通过路牌、装饰、景观等方式,使整个小镇充满巧克力的元素和氛围。据此,好时小镇以巧克力为核心,走产业和服务双线道路,既建设完成了核心产业的全产业链,也催生出与旅游相关的周边业态,满足了消费者的多样化需求,成为产业旅游项目的典范。

三、经验与启示

国外的特色小镇并非偶然产生,而是在特定条件下逐渐形成的,并经历了不断地积累、沉淀和演变,最终展现出今天的特色小镇。位于大城市周边的小镇拥有土地廉价、环境宜居、交通便利等优势,成为人口外溢和郊区化的推动因素。在这个"逆城市化"的过程中,许多企业将总部或核心功能区搬迁到大城市附近的小镇上,通过企业或产业的带动促进周边特色小镇的发展,同时也通过对城市功能的转移缓解了大城市的压力。政府意识到企业搬迁或人口向郊区转移对周边小镇是一次升级转型的机会,因此在政策上给予扶持。小镇与当地的特色产业或搬迁来的大企业进行有机融合,通过各种激励措施吸引人才聚集到小镇中,最终形成了一批具有吸引力的特色小镇。同时,欧美发达国家各个地区之间的收入相对均衡,很多人渴望逃离大城市,前往气候宜人、人口密度低、房价便宜、税收少的小镇生活和工作。这些小镇的综合条件往往优于大城市,在特定的条件下,很容易形成人才和产业的聚集效应。美国的小镇模式成功打造出一批世界闻名的特色小镇,对我国乡村振兴的品牌建设有借鉴意义。

(一)城乡融合

相比于美国的大都市,美国小镇并没有展现出极大的城乡差距,相反,美国小镇低廉的生活成本、安逸的生活氛围等吸引了众多居民选择小镇生活,这使得城乡融合成为现实,而城乡巨大的公共服务之间的差距也逐渐消除。城乡融合需要以城乡等值为前提,也就是让居民无论在城市生活还是在乡村生活都能体验到同等的社会公共服务,且在个别体验上优于城市。美国将诸多大学设置在乡村小镇,打造出大学镇,既提高了小镇的建设水平,也分散了大城市的生活压力,能够有效防止资源的过度集中与农村人口流失等问题。加大对农村基础设施建设的投入,包括道路、供水、电力、通信等方面的改善,提升农村交通和生活的便利程度。同时,加强农村环境保护和卫生设施建设,提高农村居民的生活质量。乡村振兴品牌的建设不仅仅是品牌建设,更是乡村的建设,而乡村的建设就在于"去城乡化",将城市与乡村相互融合,让乡村居民享受城市生活,并且愿意留在乡村。

(二)小镇自治

小镇自治在乡村品牌建设中发挥重要作用,只有让小镇居民自发地参与公共事务管理、参与特色品牌建设、参与社会文化宣传,才能使小镇居民更有动力、更有毅力、更有心力。小镇自治的概念源自古希腊城邦的政治组织形式,城邦是指古希腊的城市国家,这些城邦具有相对独立的政治和行政权力,在其管辖范围内实施自治,并通过行政机构和制度来管理自己的事务。小镇自治的重要特点是地方自治,在这些小镇中,居民积极参与公共事务的决策和管理,这种自治模式为个体和社区提供了更直接的参与自治的机会,使他们能够对自己的生活环境和社区事务发挥更大的影响力。小镇自治文化对美国民主政体的发展产生了深远的影响。现代美国民主政治具有全民公投和文官体制等特点,这些特点部分受到了小镇自治理念的影响。美国的政治制度和程序反映了地方自治和民众参与的原则,强调个人权利和自由,同时鼓励公民对政治事务的参与。小镇自治在美国政治文化中具有重要地位,它为民主政体的发展提供了经验和灵感,并通过地方自治的实践培养了公民参与政治事务的意识和能力。这种分权和地方自治的特点是美国政治制度的重要组成部分,塑造了现代美国的形象。村民是乡村的主人,村民应该在乡村建设中发挥主人翁精神,做最美乡村的主角。乡村振兴品牌建设应该充分发挥村民的自主能动性,以村民的想法为核心,以村民的喜好为出发点,打造受村民欢迎的乡村品牌。然后通过内需推动外需,衍生建设全链条的产业体系,先满足村民,再满足游客,这样才能真正形成有实力、有底蕴的乡村品牌。

(三)生活归属

相比喧闹的城市,美国的小镇以其丰富的历史文化、底蕴和独特的生活方式吸引着人们。在这里,人们可以体验到真实而独特的文化传承,享受宜人的生活环境和社区氛围,这使小镇成为人们逃离城市、寻找宁静和与历史文化亲近的理想居住地。小镇往往有几百年的历史,保留了大量的历史建筑和文化遗产,承载着丰富的历史和人文价值,蕴藏着过去时代的风貌和生活方式,深受人们向往。小镇通常拥有相对宜人的生活环境和社区氛围,相比于拥挤的城市,小镇的人口密度通常较低,居住环境更为宁静和舒适。小镇的社区联系更紧密,居民之间更容易建立起互动和社交关系,这种亲近感和社区认同感让人们更加容易融入和归属这个社区。小镇不仅为游客提供了美妙的玩耍体验,同时也为小镇居民创造了舒适的居住环境。一座成功的特色小镇需要兼顾当地居民的生活和游客的体验,因此,小镇的规划和发展要以满足人们的合理需求为前提,同时也要考虑游客的需求,打造独特的旅游体验和吸引力。小镇在保持本土特色的同时,适度开放和融合外来元素,形成独特且吸引人的氛围,不仅能增加小镇的吸引力,也能让居民对自己的居住地有更强的归属感。因此,中国乡村振兴的品牌建设不能停留在对外的文化输出,而应该重点建设品牌文化与宜居环境。中国乡村振兴的品牌建设目前还停留在"让人来",而没有达到"让人留下来"的水平。短期内,快速高效的经济增长和文化宣传能够形成一波品牌热潮,但如何建立长期且极具吸引力的长效品牌也不容忽视,尤其是在本就生活质量不高的乡村,基准线以上的配套服务设施是建设的重点。通过完善的生活配套设施、浓厚的本土文化气息,乡村振兴品牌建设可以建立起宜业、宜游、宜居的休闲氛围,兼顾居民与游客需求,从而成为一个独特且吸引人的生活空间。

第二节
日本:"一村一品"模式

一、模式介绍

在乡村振兴品牌建设的日本经验中,引人注目的模式是"一村一品"模式。这个模式主要强调乡村地区通过发展特色产品或服务,建立起差异化和有竞争力的品牌形象,从而促进乡村地区经济的发展和振兴。该模式的雏形源于1961年日本大分县大山町居民的农业生产转型探索,该町是大分县最贫困的山区,该县提出立足本地资源优势,发展具有地方特色的主导产品和产业,提高农民收入,且做出了非常多的创新,比如统一产品标志、统一上市时间、统一产品标准等级划分等。凭借民间与政府推动,该町农民收入持续增长。乡村发展的核心理念在于,每个乡村地区应该选择自己最具优势和特色的产品或服务作为发展方向,并通过该产品或服务的独特性来推动乡村的发展和产业升级。日本的"一村一品"运动不是一场简单的表层变革,之所以如此成功,其中联动了产业基础、民众参与、政府助推、环境等多方面因素的相互促进[①]。在这种模式下,乡村地区的居民和企业通常会依托当地的合作组织或协会,以推进"一村一品"的实施。通过合作组织的协调和支持,乡村居民可以共同参与产品或服务的生产、改进和推广,从而增强了乡村社区的凝聚力和发展动力。"一村一品"模式的成功关键在于选择和发展具有市场竞争力的特色产品或服务。这些产品或服务通常融合了本地资源、技术、文化等方面的独特性,并且能够迎合市场需求和消费者喜好。通过提升产品质量、品牌形象和营销策略,

---

① 舒奕阳.日本"一村一品"的启示与应用——以浙江衢州破村为例[J].农场经济管理,2023(06):53-55.

乡村地区可以吸引更多的游客、消费者和投资者，促进乡村地区的经济增长和就业机会。此外，"一村一品"模式也注重乡村的可持续发展和环境保护。在发展特色产品或服务的过程中，乡村地区需要考虑资源的合理利用、环境的保护和社会发展的可持续性，以确保发展不会对生态环境造成不可逆转的影响，并且能够长期维持乡村社区的独特魅力和可持续发展。总的来说，日本的"一村一品"模式为乡村振兴品牌建设提供了一个成功的参考经验，通过发展独特的特色产品或服务，乡村地区可以实现经济发展、社区凝聚和环境保护的多重目标。然而，每个乡村地区的实际情况和资源条件是不同的，所以在运用该模式时，需要结合当地的特点和需求，制定与之相适应的策略和实施方案，以实现乡村振兴。

二、代表案例

（一）爱媛柑橘

被誉为"柑橘王国"的日本爱媛县，是日本农文旅的标杆品牌之一。通过"一村一品"的乡村品牌策略和措施建设，爱媛柑橘成功从传统的农产品批发、零售模式中脱颖而出，将农产品价值从简单的产品销售提升到品牌运营和附加服务层面，实现了产品附加值的提升，取得了品牌成功。爱媛县位于日本四国岛西北部，纬度为北纬33度，年平均气温16.4摄氏度，年降雨量1400毫米。该地区阳光充足、气候温暖、海风湿润、降水适量，为柑橘提供了良好的生长环境。爱媛县柑橘总产量和品种数量均居日本第一，每年收获量超过20万吨，品种多达40种。19世纪末，爱媛柑橘开始出现，并在随后的时间里进行了品种改良。种植者们选择适应当地气候和市场需求的优质品种进行培育，其中的一些知名品种包括温州蜜柑、伊予柑和晚生柚等。品种改良，提高了柑橘的口感、甜度和质量，满足了消费者的需求。为了提高品牌知名度和销售量，爱媛县政府和相关机构积极推进爱媛柑橘品牌的推广和市场拓展。他们积极参加国内外的农产品展览会，组织市场推广活动，并与零售商和出口商建立合作关系。这些措施使爱媛柑橘逐渐在国内外市场上建立起良好的声誉和知名度，成为备受消费者认可和喜爱的品牌。为了保证爱媛柑橘的品质,爱媛县建立了一套严格的认证体系,通过制定品质标准,对柑橘进行质量检测、溯源追踪和认证,确保消费者可以信赖和享受到高品质的爱媛柑橘产品。总体而言,爱媛柑橘品牌的发展经历了初期栽培、农民组织与合作、品种改良、品牌推广与市场拓展,以及建立品质保证与认证体系等多个阶段,最终使得爱媛柑橘品牌在市场上取得成功,赢得广大消费者的认可和喜爱。

1.打造精品农业

爱媛柑橘的市场定位以高品质、口感独特和营养丰富为主要特点。它通过传达独特的地域和气候优势,强调产品的新鲜度、品质保证和良好口碑,树立柑橘产品的高端品牌形象。爱媛柑橘产业链以高附加值和品牌运营为目标,通过不断创新和提升服务,将优质、差异化的服务融入产品,以创造最高价值。在上游环节,爱媛柑橘注重研发和品种培育,致力于打造精品农业,通过运用科学种植技术和精细化管理,提升柑橘的品质和产量,并确保产品符合高标准。爱媛柑橘种植者积极进行品种改良,选择适应当地环境和市场需求的优质品种。他们致力于培育品质优良、口感独特的柑橘品种,定制满足消费者口味偏好的产品。在中游环节,通过精加工、衍生产品开发、文化植入、品牌营销以及提供附加服务等手段,增加产品的附加值。爱媛柑橘不仅将柑橘进行精细加工,制作成各种衍生品,还将地方文化和特色植入产品中,使产品更具个性和独特性。同时,注重品牌营销,通过营造独特的品牌形象和品牌故事,吸引消费者的关注和认同。在下游环节,爱媛柑橘将精致的农产品、衍生产品以及特色体验售卖给消费者。通过提供独特的农产品和衍生产品,以及丰富的特色体验活动,吸引消费者参与并享受与柑橘相关的文化和美食体验。

2.地理元素营销

利用地理环境元素进行柑橘产业的营销是一个很好的策略,能够突出爱媛柑橘的独特品质和口感。爱媛县宣称有三种阳光——南天的阳光、海面反射的阳光和山上石墙反射的阳光,这种宣传强调了爱媛县的地理环境对柑橘生长的重要性,也强调由于这三种阳光的照射,柑橘的味道更加甜美多汁。爱媛县以柑橘为元素,打造了爱媛县吉祥物——蜜柑狗狗(MICAN)。爱媛吉祥物蜜柑狗狗家族的设计,融合了橘子与可爱的小狗等元素,在日本大受欢迎,曾在吉祥物大赏中荣获第三名;而蜜柑狗狗的发音,也和日语中的"柑橘"一词相似。蜜柑狗狗的形象被广泛地应用在食品、包装、文具、日用品、日历、折纸、壁纸、插画、玩具等产品上,极大地提升了爱媛柑橘产品的知名度和影响力,成为日本产业中塑造IP成功的典范。同时,爱媛县还利用"爱媛柑橘大使"进行推广,借助柑橘大使的影响力和知名度,增加公众对爱媛柑橘的认可度和亲近感;成立爱媛柑橘俱乐部进行专业化推广,聚集柑橘生产者、商家和消费者,形成了一个紧密的社群。在俱乐部的宣传和活动下,人们可以获取更多关于爱媛柑橘的信息,包括品种、营养价值、采摘体验等。

3.衍生产品开发

爱媛县在柑橘产业链上的衍生产品开发方面作出了很多创新和丰富多样的尝试。在增加柑橘食品多样性上,除了直接食用外,爱媛县还将柑橘加工成各类食品,如柑橘蜜、柑橘吸吸果冻、柑橘果酱、蜜柑啤酒、橘子咖啡等。这些产品不仅满足了消费者多样化的口味需求,也延长了柑橘的保质期,方便运输和销售。而且,爱媛县将柑橘的香气和成分应用于文具、洗护品、调味品等领域,制成橘子浴盐、橘子肥皂、橘子精油等日常生活用品,利用柑橘的天然香气和护肤成分,满足了消费者对天然、绿色产品的需求。此外,爱媛县还通过开展农文旅活动,将柑橘的观光、采摘和现场榨汁等传统体验称为"柑橘狩猎之旅",并且提供特色的体验项目,如柑橘之浴、柑橘染色、橘皮DIY等,丰富了游客在爱媛县的旅行体验。爱媛县还创造性地将柑橘与餐饮相结合,推出了一系列独特的爱媛限定体验,例如柑橘火锅、冷冻橘子、柑橘饭等菜品,将柑橘的鲜香口感与传统餐饮相融合,创造出独特的美食享受。

(二)越后妻有大地艺术节

越后妻有大地艺术节是一个始于2000年的国际户外艺术节,每三年举办一届,被认为是全球规模最大的国际户外艺术节之一,旨在以艺术为桥梁将人与自然连接起来,探讨地域文化的传承与发展,挖掘地方所蕴含的价值,重振农业地区的魅力。越后妻有大地艺术节以"地方重建"为目标,其理念是"自然拥抱人类"。艺术节在日本新潟县南部的越后妻有地区举办,该地区包括十日町市和津南町,占地760平方千米,面积超过东京23个区的总和。这个地区位于山间,被自然环抱,是日本少有的大雪地带。越后妻有地区拥有丰富的历史文化。在大约4500年前的绳文时代,就有人在这里居住,并保留了国宝级别的火焰型土器。这里的农业也比较发达,祖辈们通过河流改道和开垦山间梯田,孕育出独具特色的里山文化。然而,随着日本经济高速增长时期的结束,越后妻有地区面临着人口外流、老龄化、房屋空置、学校废止和耕地荒废等严峻的社会问题。为了解决这些问题,越后妻有大地艺术节以"地方重建"为目标,于1994年制定了《越后妻有艺术链条整备构想》作为广域振兴政策的一部分。从2000年开始,每三年举办一届的越后妻有大地艺术节已经成功举办了八届,吸引了来自世界各地的艺术家,他们结合当地的自然和人文景观进行创作,将日本农耕传统文化与现代艺术融合呈现。艺术作品分布在越后妻有地区760平方千米的广阔土地上。有些作品还可以供人们使用,例如餐饮设施或住宿设施;有些作品将原有的空旷房屋或废止的校舍进行改造,赋予其新的生命。除了艺术展览,参与越后妻有大地艺术节的游客还可以欣赏到美丽的山间梯田、自然山林等景观,并参加各种活动和手工体验。这样的活动和体验使人们能够全身心地感受当地丰富多样的风土文化。越后妻有大地艺术节使整个越后妻有地区成为一个面向各个年龄层的乐园,唤起人们对故乡的思念,加深人与大地之间的联系。越后妻有大地艺术节在艺术界和社会上产生了广泛的影响,是历史上第一次艺术介入乡村建设的实践,也是当代艺术市场从专业美术馆与画廊转向乡村和公众的一次新尝试。通过将艺术与自然结合,越后妻有大地艺术节为观众提供了一种独特的体验,使他们能够更直接、更深入地感受艺术与自然之间的关系。

1. 乡土与美学的结合

越后妻有大地艺术节让无论是当地村民还是城市居民,都能以美学的视角重新审视与感受乡村独有的美。在乡村,艺术不再是可望而不可即的东西,真正的艺术就存在于人们的日常生活中。首先,越后妻有大地艺术节强调与本地居民和土地相结合的艺术作品,打破了传统艺术的空降感。参与的艺术作品必须符合三个条件:被公认为好作品、能抵抗冬季大雪、与本土环境相协调。这样的要求确保了艺术作品的质量和适应性,增强了当地居民对艺术节的认可和参与度。其次,在越后妻有大地艺术节中,当地居民不仅是观众,更是艺术品的创作者与制作者。他们参与艺术节的创作过程,与艺术家们进行交流、分享想法、沟通生活情况。这种交流与沟通,激发了当地民众的全情参与热情,使艺术节成为一曲全民共演的艺术大合唱。越后妻有大地艺术节的参与村落数也逐渐增加,这表明当地居民对艺术节的认知和参与度逐渐加深。一个经典的例子是艺术作品《梯田》。艺术家伊利亚与艾米利亚·卡巴科夫通过艺术呈现了农民在梯田中的耕作场景,将彩色的农民雕塑放置在梯田中,还建立了观展台,使整个作品从现实中跳跃出来。这个作品的成功之处在于用艺术的方式展现和歌颂了本地农民的农耕生活,并完全融入乡土环境,成为展现属地精神的、有灵魂的艺术作品。此外,越后妻有大地艺术节还关注乡村空屋的再利用问题。空屋改造项目,将废弃的空屋以艺术的方式焕发出其新的生气。村民和艺术家一同寻找每一间空屋的独特魅力,并将其具象化,吸引参观者前来观赏。这不仅使空屋得到了新的利用,也激发了村民对地域文化的认知,增强了乡村凝聚力,同时也促进了乡村经济的活化。越后妻有大地艺术节通过与当地居民的交流和吸引他们参与,建立起与乡村环境和文化相融合的艺术形式,创作反映本地居民和土地的艺术作品,让艺术成为全民共享的文化盛宴。同时,空屋改造等项目,使乡村的废弃资源得到再生利用,促进了乡村的振兴和发展。

2. 多方主体合作共治

乡村艺术振兴需要艺术家、政府、企业和社会等多方资源的共同参与和协作。越后妻有大地艺术节的成功举办得益于各方的合作。首先,政府在项目资金方面提供了重要支持,约四分之一的资金来自当地政府的拨款。政府的支持在乡村艺术振兴中起到了重要的推动作用,为艺术节的运营提供了资金保障。其次,观众门票收入也是艺术节资金的重要来源之一。这体现了民众对艺术活动的认可和参与,也在一定程度上支持了艺术节的持续运营。此外,与政府和门票收入不同,另外二分之一的资金来自不同的合作渠道。这些合作渠道可能包括企业赞助、社会组织支持或者其他形式的合作伙伴。这种多元化的资金来源确保了艺术节的经济可持续性,减轻了对单一经济来源依赖的风险。除了资金方面的合作外,越后妻有大地艺术节还依靠一个NPO组织——越后妻有里山协动机构来落实艺术节的具体举办工作。这个NPO组织可以被看作是一个"润滑剂",起到组织与协调的作用。艺术家们负责艺术作品的创作,而艺术节的布展、协调和组织运营等工作,则落在了由本地居民和区域外支持者组成的越后妻有-里山合作组织身上。这个组织由名为"小蛇队"的协作团队扮演核心角色,成员包括本地居民、来自全国各地乃至海外的志愿者们。"小蛇队"是艺术节的重要组成部分,他们参与艺术节的各个环节,从艺术品制作到展览布展,甚至包括作品回收和餐厅、民宿的营运管理,他们都投入了大量的时间和精力。他们以自身兴趣为动力,通过内部自发组织的方式参与艺术节的组织工作。这种社区参与和志愿者精神为艺术节注入了活力,同时也为志愿者们提供了积极参与社区和艺术活动的机会。通过多方资源的共同参与和协作,大地艺术节从政府主导到现在的村民组织主导运营,经过了十年。这种转变体现了乡村艺术振兴需要细致的沟通、衔接和能够落实的观点。只有各方资源共同参与、携手共进,才能实现艺术与乡村的真正融合,并推动乡村艺术振兴事业的可持续发展。

3.避免过度商业化

通过艺术项目,乡村地区可以提升自身的魅力和知名度,从而吸引更多的游客和外界关注,这不仅能带动旅游业的发展,也能激活农产品销售和相关产业的增长。日本越后妻有地区的梯田银行项目是一个成功的案例,该项目利用艺术节的影响力,在全国乃至世界范围内寻找感兴趣的"田主"(出资者),形成了广泛的人际关系网。这不仅促进了当地村民与外界的交流,也吸引了许多有志于从事农业的后继者。同时,梯田银行项目也带动了当地餐饮和住宿业的繁荣,为地区就业创造了机会。此外,艺术项目还可以与现有产业相连接,借助艺术的力量促进乡村地区的活性化。通过与当地企业的合作,艺术节可以带动相关产业的创新发展。这可以体现在产品设计、包装、营销等方面。例如,越后妻有大地艺术节与当地企业合作开发创意产品,通过互联网募集创意人,进一步提升当地产品的知名度和销售量,推动了地区经济的增长。然而,要实现持续的农村振兴,仅依靠艺术项目的经济波及效果是不够的。农村地区的发展还需要依靠产业升级、农业技术创新、基础设施建设等多方面的支持,通过将艺术和创意与传统农业相结合,给乡村地区带来新的发展机遇和多元化的经济增长渠道。在推动艺术与乡村发展的过程中,需要避免过度商业化、追求短期经济利益的倾向。艺术应该被视为一种独立的创造活动,而不是简单地将其作为商业工具来利用,过度商业化可能会削弱艺术本身的魅力和独特性,也可能破坏乡村文化和环境。因此,在推动艺术与乡村发展时,需要保持艺术的专业性和纯粹性,以小博大,注重艺术创新和文化传承。

三、经验与启示

在日本"一村一品"运动中,"自下而上式"是其路径推动的主要特征,而"自下而上式"特征得以形成的基础,在于农村社会的自主性,包括种植品种的自主选择、销售模式的自主构建、产业方式的自主打造等方面[①]。农村社会的自主性在乡村振兴品牌建设中体现在品牌意识、品牌创建、品牌升值等环节上的自发性与能动性,这对我国乡村品牌建设提出了更高的要求与挑战。相比日本,中国的"一村一品"模式可能陷入了"多而不精"的困境,未能充分深化一二三产业的融合发展、品牌打造与宣传、质量标准体系与知识产权保护。在中国的县域经济中,存在一些明显的问题,比如品牌标志被滥用,这会导致消费者很难判断产品的质量和地域性;再比如质量标准不统一,这会导致同一产业中产品质量参差不齐,损害消费者权益。而且,日本的"一村一品"项目通常由一个农协来统一品牌和产业规划。但在中国,"一村一品"项目往往是由政府发布规划或政策,农民自行开展经营,缺乏专业的品牌团队和管理人才限制了品牌的发展。因此,日本"一村一品"运动形成了一批具有代表性的品牌建设案例,对我国的乡村振兴品牌建设有重要启发价值。

---

① 冯川.日本"一村一品"运动的推动机制与农村社会自主性[J].世界农业,2021(10):63-64.

(一)差异化的品牌核心

"一村一品"模式的核心思想是选择并发展每个乡村独有的特色产品或服务,以建立独特的品牌形象。这要求充分发掘和利用乡村地区的资源优势和特色,打造与众不同的品牌定位,以吸引游客和消费者的兴趣与关注。日本"一村一品"模式的经验之一是独特的品牌定位,每个村庄选择自己独有的产品作为品牌的基础,以突出该村庄的特色和优势,这种独特的品牌定位有助于吸引消费者的注意,建立起产品的知名度和美誉度,从而促进乡村经济的发展。乡村地区需要进行深入的资源调查和分析,找到与该地区相关的独特产品或服务。这可能包括农产品、手工艺品、文化遗产、旅游景点等。同时,将这些特色产品或服务与地方居民的传统技能和经验相结合,确保产品质量和独特性,再通过积极推广和营销,吸引游客和消费者的关注,以扩大市场份额。在中国乡村品牌建设中,一些农产品品牌在当地可能有一定的知名度,但缺乏核心品牌优势或差异化标志,没有明确的品牌定位和独特之处,使这些品牌很难在全国范围内建立起知名度。而且,部分地区在标准化、质量品牌意识以及核心竞争力方面仍存在较大差距,没有形成自觉行动和必然选择,难以满足现代农牧业发展的要求。因此,建设中国自主的乡村振兴品牌,必须先找准品牌定位,作出差异化的品牌选择,而不能盲目跟风从众。差异化可以是产品的差异化,也可以是文化的差异化,还可以是行业的差异化,其核心在于区分识别。中国乡村众多,很难做到村村有创新、村村有差异,但是可以做到区域上的差异化,以民族、地理、习俗等为界,形成区域共同体,集合全区域村民之力打造专属品牌,这对品牌的差异化有重要作用。

(二)多元化的产业融合

从日本的"一村一品"案例可以看出,整齐划一的产业规划是"一村一品"成功的关键,通过产业规划和联动,单个产业才能形成核心优势。然而,中国乡村品牌建设中,产业规划常常存在前后不一致,不同产业之间缺乏联系,不能有效进行产业跨界和融合是中国乡村品牌建设严重不足的地方,特别是一二三产业之间的跨界融合。要走"1+N"的产品路线,先打造明星单品,后衍生跨界融合,从点到面,从一至多,循序渐进式地提高产品附加值,增加市场竞争力。产品品质是品牌建设的首要任务,在信息化时代和消费者生活质量提升的背景下,拥有品牌的产品更容易得到大众的喜爱和认可。中国农业已经有几千年的历史,但在商业思维,特别是用户思维、市场思维和营销思维等方面相对欠缺。过去,中国农业更多侧重于满足自身需求,而非围绕市场进行生产和管理。相比之下,日本的"一村一品"发展历程与日本农业商业发展史紧密相关,这使日本的乡村建设更加具有自发性与主动性。中国的"一村一品"项目往往由政府主导,农民处于被动地位,农民的商业思维和积极性相对不足。因此,中国要发展乡村振兴品牌,必须从商业角度建立合理的商业规则,而非仅仅停留在传统的农业和产业模式上。在生产端,应建立系统化的标准来保障产品品质,选择具有高价值的品类进行生产,并不断提升产品品质。在加工端,应深入挖掘农产品在食用、使用、康养、文创等方面的功能价值,并生产出能渗透到消费者生活各方面的日用品,以提高产品的附加值和销量。同时,建立响亮的品牌也十分重要。今天的市场不仅需要优质产品和高品质服务,还需要良好的品牌形象,推动产品、服务及品牌形象的协同发展。好的品牌可以为产业提供价值,只有吸引消费者加入自己的阵营,才能在激烈的市场竞争中持续保持竞争力。品牌必须洞察消费者的真实需求,同时,在产品和服务方面扎实做好,给消费者提供更有价值的消费体验。因此,应加强商业思维、建立合理的商业规则,整齐划一的产业规划与联动,跨界融合,确保产品品质和品牌建设,推动中国乡村振兴品牌更好地成长,助力乡村经济的现代化发展和农民收入的提高。

(三)场景化的文化赋能

乡村振兴品牌建设要注重场景化的文化赋能,将产品、品牌的建设以文化输出的方式展现出来,并让消费者具有场景化的多样体验。创造具有吸引力和情感体验的场景,吸引消费者并建立与他们的情感连接,进而推动乡村振兴品牌的发展。

1. 文化场景的沉浸化

人们更加注重产品所处的场景和他们在场景中的感受,乡村品牌中农产品所蕴含的乡土文化是其与消费者建立情感联系的重要途径,产品不仅需要追求流量和性价比,更需要在场景中创造超出期望的体验,以打动消费者的心。乡土文化、传统文化、民族文化为搭建引人入胜的品牌化场景提供了素材,也为品牌理念的形成与推出提供了要素。

2. 文化体验的有价化

消费者对价值具有很高的敏感性,尤其注重产品本身的价值和体验,他们更愿意为优质的体验支付更高的价格,而且这种文化体验必须能够通过价格进行量化对比,并反映在产品质量上。产品的附加值同样重要,品牌应通过文化赋能、场景赋能的方式提高产品的附加值,以此提高用户黏性与文化属性。乡村品牌应该着重思考如何提升产品的体验价值,让消费者在购买和使用产品时感受到超越产品本身的价值的满足,获得产品与文化的双重体验。

3. 文化需求的新颖化

随着社会的发展,人们对不同场景的需求也在不断变化,新的用户需求和体验构成了新的场景,通过创造新颖的场景,农业企业可以满足消费者的不同需求,进而催生出新的商业模式和链接方式。优质品牌不仅能满足当前消费者的现时需求,而且能满足未来消费者的预期需求,甚至能创造消费者的未知需求。这都需要通过文化带动赋值,利用文化的包容性为产品的有限性创造可能,进而形成无限衍生的产品线与产业链。通过场景化的文化赋能,可以提升农产品的吸引力和竞争力,建立与消费者的情感连接,推动乡村产业的发展。重视体验沉浸化、转变思维方式以更好地满足消费者需求,创造新颖的场景将成为农业产业融合中的重要策略和出发点。

第五章
乡村振兴品牌建设的中国式现代化设想

- 乡村振兴品牌建设的现代化趋势
- 乡村振兴品牌建设的现代化策略

贵州村超的火爆，也暴露出我国乡村振兴品牌建设中的不少问题。中国乡村振兴战略旨在通过发展农村经济、改善农村生活、保护生态环境等手段，推动乡村的综合发展，品牌建设被认为为乡村经济发展注入新活力，提升乡村产业附加值和竞争力的重要手段，能够助力乡村振兴战略的顺利实施。如今，中国乡村振兴品牌建设仍然面临诸多问题，例如缺乏独特性与差异化、传统与现代融合难、营销和宣传不足等。与此而来的是，应提出中国式现代化的乡村振兴品牌策略，例如整合传统与现代元素、建设可持续发展品牌、强化数字营销等。在未来的乡村振兴建设品牌蓝图中，应该包含对传统文化、数字革命、社会责任等多个领域的考量与展望。而随着技术的发展和社会的变革，乡村振兴品牌策略也需要不断适应变化，以实现乡村综合发展的根本目标。本章主要分析当前乡村振兴进程中品牌建设存在的问题与不足，并提出符合我国国情的现代化乡村振兴品牌策略，主要解决现代化手段与传统式品牌如何融合实现的问题，据此展望我国未来的乡村振兴品牌蓝图。

第一节
乡村振兴品牌建设的现代化趋势

伴随社会生产力的不断提高与居民文化需求的持续增长，乡村振兴品牌建设逐渐走上创意式的、智能化的、发展型的现代化道路，为消费者带来了更丰富的产品类型与文化体验。

一、新文化创意式的品牌建设

在人们对现有同质化产品与服务持续厌倦的情况下，新文化创意与创新设计愈发获得品牌重视,乡村品牌已不再局限于传统农业和农产品,而是需要扩展至与乡村魅力和文化元素的融合创新,打造出具有创意文化内涵的品牌形象和产品。

(一)乡村文化弘扬

新文化创意式的乡村品牌建设离不开对乡村特色文化的发掘和弘扬,可以从当地的历史、传统手工艺、民俗风情等方面汲取灵感,将这些独特元素融入乡村品牌的形象和产品设计中,打造出独具地方特色和文化内涵的品牌,为乡村品牌注入独特的魅力和吸引力。

1.挖掘地方文化资源

深入研究和挖掘乡村地区独特的历史、传统、民俗和艺术等方面的文化资源,了解和识别特色资源,包括传统工艺、民间艺术、传统戏剧等,这些都可以成为品牌建设的创作灵感和核心元素。

2.强化地方文化符号

乡村品牌建设可将地方文化的符号和元素巧妙地融入乡村品牌的设计、包装、标识等方面。例如,可以使用特色建筑、传统图案、民俗色彩等元素,使品牌与地方文化产生连接,使消费者对品牌产生认同感。

3.打造体验式文化品牌

文化需要亲身体验才能更好地传承,品牌应注重迎合游客的口味与情绪,吸引游客和消费者进行亲身感受,以此提升品牌的知名度和影响力。例如,举办传统文化展览、民俗节庆活动、手工艺体验等,让消费者更加深入地了解和感受地方文化。

4.乡村文化故事传播

一个好的品牌故事能够有效传递出乡村品牌与地方文化之间的连接与内涵,将品牌背后的文化价值传达给消费者。乡村文化故事传播可以利用社交媒体、短视频、媒体报道等渠道,以引人入胜的方式展现乡村的文化魅力,吸引更多人了解和支持乡村振兴。乡村文化的弘扬不只是一句口号,更是对文化艺术的响应,只有真正将乡村文化放在信仰之中,才能为品牌建设注入灵魂。

5.乡村居民、社区参与

品牌应与当地社区建立紧密联系,开展品牌共建活动,让乡村居民、社区共同参与农产品种植、加工制作、销售等环节,激发乡村居民的本土自豪感与主人翁意识,使居民自发为乡村建设作贡献,也可以让消费者更直观地了解文化故事、感受文化力量。

(二)产品创意设计

新文化创意式乡村品牌建设强调创意设计和产品创新,现代设计理念和乡村文化特色双结合,并以此开发出具有创新性和差异化的产品。这些产品通常以艺术品、手工艺品、文化衍生品的形式出现,能更好地满足消费者对品牌与众不同的、与时俱进的需求和期望,为品牌价值的提升作出不可忽视的贡献。

1.创意设计

设计要突出地方特色和文化元素,并与现代设计趋势相结合,注重品牌标识、包装设计和品牌视觉形象的创新,形成独特而有吸引力的品牌形象。创意设计可以通过与当地艺术家和设计师的合作,结合地方文化与现代审美,打造不同凡响的品牌形象。

2.产品设计

挖掘地方的农产品、手工艺品、传统工艺等特色资源,创造出体现地方文化特色的新产品。例如,结合当地农产品和传统药材,研发具有健康功效的特色食品或保健品;利用当地的特色工艺和材料,设计制作具有独特风格的手工艺品等。

3.用户体验创新

一个创新的体验设计,能够第一时间抓住消费者的感知与关注。例如,可以将乡村的自然景观、农田或传统建筑等元素纳入产品设计中,让消费者在使用产品或参与品牌活动时,感受到与乡村环境的融合和互动。

4.科技融合设计

结合科技创新与乡村振兴品牌建设,探索数字化和智能化的创新路径,设计出具有未来感的产品。例如,推广农业物联网技术,实现农产品的可追溯性和智能化生产管理;运用虚拟现实和增强现实技术,打造沉浸式乡村旅游体验等。

5.跨界合作

产品创意不能局限于封闭设计,应该吸纳多视角的设计元素,创造融合价值。品牌可以积极寻求与其他行业伙伴的合作,进行跨界创新。例如,与设计师、艺术家、餐饮业、旅游机构等合作,开展联合创作或合作项目,通过共同的创意和资源融合,进一步提升品牌的影响力和市场竞争力。

(三)互动体验传播

新文化创意式乡村品牌建设倡导体验式营销和互动传播,组织乡村文化体验活动、举办艺术展览、推广乡村旅游等,既可以使消费者更具有获得感与参与感,也可以让消费者深入了解和体验乡村的文化魅力,从而增强品牌认同感和忠诚度。

1.现场体验

组织各种有吸引力的活动,让消费者亲身参与并体验乡村品牌,感受在城市中无法获得的非凡体验。例如,组织农场开放日、乡村文化节、手工艺制作工坊等活动,可以让消费者亲近自然、了解乡村文化、体验农业生产过程等。这些活动可以提供与品牌的亲密接触和互动的机会,使消费者更好地了解和认同品牌的价值与理念。

2.数字体验

现代科技手段为乡村品牌与消费者的互动体验提供了高效便捷的渠道。品牌网站、社交媒体平台、移动应用程序等线上渠道,能够为品牌创造与消费者即时互动的机会与信息传递的功能,使消费者通过在线购物、品牌故事展示、用户评论等方式增强品牌体验和用户参与感。

3.故事体验

文化体验不仅在于实地参与,也在于语言故事的讲述与交流。一个有趣、真实的品牌故事能够将乡村品牌的文化价值和独特魅力输出给消费者,获得更多消费者的认同。品牌可以通过微电影、纪录片、短视频等形式,呈现乡村故事和品牌背后的人物、历史、地域文化等,激发消费者的情感共鸣和品牌认同感。

(四)跨界合作联盟

创意需要多元融合,跨界合作与联盟能够为品牌带来新鲜元素与血液,帮助品牌走差异化发展之路。品牌可以与其他相关行业和文化机构进行合作,共同推动乡村文化创意产业的发展,形成品牌联动和资源共享的合作模式,实现资源共享、优势互补等合作效果,提升品牌影响力和市场竞争力。

1. 交叉行业合作

行业交叉是品牌开拓圈外市场的重要渠道之一。与其他行业品牌合作开展项目或推出联合产品,可以实现价值链的整合和创新。例如,乡村振兴品牌可以与美食餐厅、旅游机构、时尚品牌等合作,推出以乡村元素为特色的美食、旅游线路、时尚商品等,吸引非原本目标的新消费群体并以此提升品牌的差异化竞争优势。

2. 相似品牌联盟

与具有相似定位或共同价值观的品牌建立联盟合作关系,可以打造品牌集群效应,形成品牌合众力量,共同抵御行业风险。联盟成员之间可以在资源共享、市场开拓、客户互换等方面进行合作,实现乡村振兴品牌建设的集体目标。

3. 教育培训合作

品牌可以与教育机构、培训机构等进行合作,开展乡村文化、乡村经济发展等方面的教育培训项目,通过提供培训课程、举办讲座和研讨会等形式,传授相关知识和技能,培养乡村文化传承者和经营者,推动乡村振兴和品牌建设的可持续发展。跨界合作和品牌联盟有助于将各领域的优势资源整合起来,扩大品牌的受众群体,实现互利共赢。

二、高度数字智能化的品牌建设

在乡村振兴品牌建设的现代化趋势中,高度数字智能化是当前各行各业的重点规划方向。离开数字化,品牌将离开竞争的赛道,把握数字化,品牌将把握成功的钥匙。

(一)电子商务平台

电子商务平台在乡村振兴品牌建设中扮演着重要角色,建立和运营电子商务平台,乡村振兴品牌能够与消费者直接链接,实现产品销售和宣传推广的无缝对接。这种数字化的销售渠道可以帮助乡村品牌拓展销售范围,增加品牌曝光度,提高市场竞争力。电子商务平台的智能化可以推动品牌的可持续性发展,保证品牌建设以低成本、高效率、宽范围的运营方式持续进行,不断提高品牌的辐射范围与综合实力。互联网时代,乡村品牌建设应搭建一个综合性的电子商务平台,为乡村品牌提供线上线下一体化的销售渠道,将乡村特色产品和服务进行展示和销售,吸引全国乃至全球消费者关注和购买,并通过与物流、支付等服务的对接,实现订单处理和产品交付的高效与便捷。在电子商务平台上引入智能化技术,如人工智能和大数据分析,可以提供个性化的推荐和定制服务。通过分析用户行为和偏好,电子商务平台可以向消费者提供更准确的产品推荐,提高用户购买体验和用户满意度。电子商务平台的优势在于数据分析和反馈机制,品牌可以大范围收集消费者的商业数据,并通过数据分析和反馈机制为品牌提供市场趋势、消费者洞察和产品改进等相关信息。品牌可以根据这些信息进行战略调整和产品创新,提高市场竞争力和品牌知名度。通过高度数字智能化的电子商务平台,乡村品牌可以实现线上线下的全方位展示和销售,提升品牌知名度、拓展市场和增加销售额,为乡村产业的升级和发展提供互联网基础。

(二)社交媒体营销

社交媒体已经成为各类品牌营销推广的重要平台,乡村品牌可以利用社交媒体平台如微博、微信、抖音等进行品牌宣传、故事讲述、用户互动和参与,通过与消费者的实时互动,深入了解消费者的需求和反馈,推动品牌的持续改进和创新,帮助乡村品牌与消费者建立紧密的互动和连接。

1. 多平台社媒营销

为了扩大品牌营销范围,乡村品牌应该在多品类主流社交媒体平台上建立品牌账号,如微信、微博、抖音、小红书等,同时在多个平台上发布内容和与用户互动,增加品牌曝光度,扩大受众群体。

2. 精准定位消费用户

通过社交媒体平台提供的数据和工具,可进行用户画像和行为分析,找出目标用户群体的特征和需求,了解用户的兴趣、喜好和购买需求,从而有针对性地制定营销策略和内容。

3. 灵活打造品牌形象

通过社交媒体营销,乡村品牌可以展示其特色、背后的文化和故事,塑造独特的品牌形象,并根据品牌精心策划的内容和创意,吸引用户的关注和参与,增强用户对品牌的认知和好感度。

4. 适当创造互动体验

社交媒体平台提供了丰富的互动功能,品牌可以利用这些功能与用户进行互动,例如发起话题讨论、征集用户意见、举办线上活动等。这样可以建立品牌与用户之间的互动关系,增强用户的参与感和忠诚度,但应注意合理适度,防止品牌与粉丝过度亲密而受粉丝牵制,尤其应保证乡村品牌核心的差异化设定,防止品牌短视发展。

5. 合理利用用户生成内容

品牌可以鼓励用户在社交媒体上分享与乡村品牌相关的内容,例如产品使用心得、乡村游记、品牌故事等。品牌可以设置相关的互动话题和活动,激发用户的创作热情,并对优秀用户的生成内容进行奖励和推广,增加品牌的口碑和影响力。

6. 品牌数据分析和优化

社交媒体平台中汇集的粉丝数据是宝贵的品牌建设原料,数据分析工具可以对用户的反馈、互动数据和转化率等指标进行深入分析，了解营销效果和用户偏好，从而进行相应调整和优化，不断提升品牌的社交媒体营销效果，实现更好的品牌传播和推广效果。

(三)数字化农业管理

数字化农业管理是乡村振兴品牌建设的重要组成部分，乡村振兴品牌大多以乡村特色农产品为品牌基石，数字化的农业管理技术可以帮助提高农业品牌生产效率，提供质量追溯和溯源体系，为品牌服务提供生产保证与安全保障。通过物联网、大数据分析和人工智能等技术，乡村品牌可以实现精确的农业生产管理，对从种植到收获全过程进行信息监控和数据分析，提高产品质量和安全性，增强品牌竞争力。数字技术和智能化手段，可以提高农业生产效率、优化资源利用、改善农产品品质，从而推动乡村品牌的现代化发展。数字化农业管理包括农业大数据应用、智能农业决策支持系统、精准农业技术应用、数字化的农产品溯源体系、农业物联网应用、农业移动应用程序。

1. 农业大数据应用

利用传感器、物联网等技术手段采集农田、作物、气象等数据，形成农业大数据资源，在数字分析和挖掘下，可以了解土壤条件、气候变化、作物生长情况等，提供农业生产决策的科学依据。

2. 智能农业决策支持系统

基于农业大数据分析，开发智能农业决策支持系统，为农民提供准确的农业生产建议。例如，根据不同地区的气象数据和土壤特性，系统可以推荐适合的作物品种、种植时间和施肥方案，帮助农民合理调整农业生产策略。

3. 精准农业技术应用

结合数字技术与精准农业技术，如遥感、卫星导航和地理信息系统，实现农田的精准管理。如利用无人机、遥感影像等手段对土地进行监测，可以及时发现病虫害、干旱等问题，实施精准施药、灌溉和肥料投放措施，提高农业生产的精准性和效率。

4.数字化的农产品溯源体系

数字化的农产品溯源体系可以通过技术手段追踪记录农产品的生产过程、销售渠道等关键信息。消费者可以通过扫描农产品包装上的二维码或查询溯源平台,了解农产品的生产地、生产过程、品质检测等详细信息,增加对农产品的信任度和满意度。

5.农业物联网应用

利用物联网技术,在农田和农业设施中安装传感器和监测设备,可以实现对土壤湿度、温度、光照等因素的实时监测。同时,该技术与农业决策支持系统相结合,可达到远程监控和远程控制农业生产的目的,提高生产效率和资源利用率。

6.农业移动应用程序

开发农业移动应用程序,提供农业生产管理、市场信息、农技培训等服务,可以帮助农民通过手机或平板电脑获取农业技术、市场动态、政策信息等,实现线上线下互动、资源共享和业务协同,提高农民的决策能力和管理水平。数字化农业管理有助于乡村品牌实现农业生产的智能化和精细化管理,提高产品产出质量和农产品的附加值,同时还具有节约资源、减少环境污染等功能,实现农民收入提升、本土环境保护等社会和经济效益,为乡村振兴品牌建设作出重要贡献。

(四)虚拟现实技术

虚拟现实和增强现实技术可以提供沉浸式体验,为消费者呈现乡村品牌的独特魅力和文化特色。将虚拟现实和增强现实技术接入乡村品牌,消费者不仅可以在虚拟环境中体验乡村旅游、农产品采摘等活动,增加品牌与消费者之间的互动和情感连接,也能够提升品牌的形象价值,冲击高端消费市场。虚拟现实和增强现实技术在乡村振兴品牌建设中具有重要潜力,可以在乡村旅游、农产品推广、文化传承等方面提供全新的体验和展示方式,让消费者获得非同一般的品牌体验。

1.乡村旅游方面

通过虚拟现实技术,消费者可以身临其境地体验乡村风光、乡土文化和农业生产过程。消费者可以戴上VR头显,沉浸在虚拟的乡村环境中,感受农田的宁静、农民的劳作和农产品的丰富多样。同时,AR技术可以在现实场景中叠加虚拟的导览信息,为游客提供更丰富的导览体验。

2.农产品展示和推广

利用增强现实技术,消费者可以通过手机或平板电脑上的应用程序,扫描农产品包装上的二维码或标签,在屏幕上呈现出与产品相关的虚拟场景。例如,消费者可以看到果树上果实的成熟过程,或者在桌面上展示出放大的农产品模型,了解其内部结构和细节,这种互动式的展示方式可以提高消费者对农产品的兴趣和认知。

3.文化传承与教育

虚拟现实技术可以实现乡村传统文化和乡土风情的视觉重现。例如,利用VR技术可以模拟传统节日的庆祝活动,重现传统手工艺的制作过程,让年轻一代更加深入地了解和传承乡村文化。同时,AR技术可以在景点或文化遗产中提供实时解说和教育信息,增强游客的文化体验和教育效果。

4.农业生产辅助

虚拟现实和增强现实技术可以用作农业生产培训和辅助的工具。农民可以戴上VR头显,接受农业生产技术和管理培训,模拟实际操作场景,提升自身的农业生产技能和效率。AR技术可以提供实时的农业指导和监测信息,帮助农民进行精准施肥、灌溉和病虫害防治,提高农作物的产量和质量。

(五)数据驱动营销

借助大数据分析和人工智能技术,乡村品牌可以更好地理解消费者需求、行为和偏好,并进行精准的市场定位和个性化的营销推广。数据驱动的市场营销是一种高效可行的竞争策略,通过不同阶段的数据挖掘与驱动,乡村品牌可以提供个性化的产品定制、优惠券活动、推荐系统等,提高消费者的购买体验和忠诚度,帮助乡村品牌实现个性化、精准化和效果优化的推广。

1.数据收集与分析

建设数字智能化品牌需要收集和分析大量的数据,包括消费者行为数据、市场竞争数据、品牌口碑数据等,有效运用市场调研、消费者调查、数据挖掘等手段,深入了解目标受众的需求、偏好和购买行为,为品牌建设提供数据支持。

2.目标定位与个性化推广

品牌可以通过数据信息进一步细分品牌目标受众,培养不同的消费者群体,并根据不同群体的喜好和需求进行个性化推广与针对性宣传。例如,对年轻一代消费者可以采用社交媒体等数字渠道进行精准推送,对外地游客可以通过旅游平台和在线预订系统进行定向宣传等。通过数据驱动,强化宣传效果和提高转化率。

3.优化营销策略与成效评估

品牌可以利用数据分析工具和指标体系,监测和评估市场营销活动的效果,了解不同营销渠道的贡献度、受众互动情况、转化率等,帮助品牌管理层制定营销策略,及时调整和优化营销活动,提高品牌的曝光度和认知度。

4.人工智能和机器学习应用

品牌可以借助人工智能和机器学习技术,对大数据进行深度挖掘和分析,以更好地预测市场趋势、消费者需求,并提供个性化的推荐和定制化的服务。例如,利用机器学习算法对消费者行为进行预测,实现精准投放和个性化营销。

5.品牌口碑管理

数据驱动的品牌建设还需要关注品牌口碑的管理,对社交媒体、评论和用户评价等渠道的反馈数据进行长期监测,可以及时发现和回应消费者的意见和问题,提高品牌声誉和用户满意度;积极引导和参与消费者互动,建立良好的品牌形象和口碑。数据驱动意味着精准认知,品牌对消费者的足够了解和及时满足是品牌提高认知度和竞争力的重要武器,有助于推动乡村振兴品牌建设的现代化进程。

三、可持续发展型的品牌建设

乡村振兴品牌需要坚持可持续性发展,从环境保护、社会责任、文化传承、品牌管理等方面维护品牌,为建成百年老字号品牌的发展目标而奋斗。

(一)绿色环保可持续

可持续发展要求品牌在生产过程中注重环境保护和资源利用效率。环保意识和绿色生产是实现可持续发展的关键要素。品牌建设应更多使用清洁生产技术,减少对环境的污染和资源的消耗,建立循环利用的现代化农业生产模式。

1. 推广绿色农业和有机农业

乡村振兴的核心是农业发展,推广绿色农业和有机农业是可持续发展的基础,品牌建设应积极引导农民采用绿色种植、无公害农业和有机农业的技术与方法,减少农业化学物质的使用,注重环境保护和生态保护,提高农产品的品质和市场竞争力。

2. 资源循环利用和废弃物处理

品牌建设应鼓励乡村企业和农户在生产和经营过程中采用资源的循环利用机制,如农业废弃物的再利用和有机肥料的生产与利用。品牌建设应注重废弃物的妥善处理和环保技术的应用,减少污染物的排放,保护土壤、水资源和生态环境。

3. 低碳运输和能源利用

品牌建设应鼓励和推动乡村地区采用低碳运输方式,减少汽车尾气对环境的污染。品牌建设应加强可再生能源的利用,如太阳能、风能以及生物能源,降低能源消耗和碳排放,促进乡村能源的可持续发展。

4. 生态旅游和绿色休闲

品牌建设应充分利用乡村的自然环境和文化资源,发展生态旅游和绿色休闲产业。品牌建设应组织绿色生态旅游活动和推广环保的旅游方式,保护乡村生态环境,增加乡村旅游的吸引力和竞争力。

5.环保教育和公众参与

品牌建设应加强环保意识的培养和环保教育的推广,通过开展环境保护宣传活动、组织环境保护志愿者团队等方式,引导公众养成环保习惯,增加公众环境保护的知识,加强环境保护的意识,形成社会共识和共同参与的氛围。

6.产业链的绿色整合

品牌建设应与具备环保理念和技术的企业进行合作,建立可持续的供应链体系,确保产品的绿色生产和环境友好性,这不仅可以提高产品的品质和附加值,还可以助力乡村产业的升级和可持续发展。

(二)社会共治可持续

品牌建设需要关注社会责任和与当地社区的互动,加强社会共治。乡村品牌应积极参与当地社区发展,为当地居民提供就业机会,改善农民的生活条件,推动农村社会的进步。同时,品牌还应开展公益活动,支持教育、环境保护,以及文化传承等方面的项目。

1.社会责任倡议

乡村振兴的品牌建设应积极践行社会责任,制定并执行与社会责任有关的政策和准则,关注农民工权益,推动公平就业,提供良好的工作条件和环境保护措施,为乡村社区的发展提供教育、医疗和基础设施建设等支持。

2.公众参与机制

广泛的公众参与能够为品牌打通市场,打造正面形象。品牌建设应建立有效的参与机制,鼓励农民、企业、学者、非政府组织等多方主体参与决策和项目实施过程,组织公开听证会、座谈会和研讨会,征求公众的意见和建议,让乡村居民在乡村振兴中发挥主体作用。

3.公益活动开展

开展环境保护、垃圾分类、植树造林、扶贫帮困等各种公益活动,既可以引导社会各界关注乡村发展,增强公众对乡村振兴的认同感和参与度,也可以促进乡村振兴品牌的可持续发展。

(三)文化传承可持续

文化遗产的重要性不言而喻,保护和传承乡村的传统文化、习俗、手工艺是老百姓义不容辞的责任。灵活保护和运用中华优秀传统文化,有助于激发农村地区的创意和创新潜力,发挥品牌经济效益与文化输出的最大值。

1. 保护和传承乡村文化遗产

乡村拥有丰富的传统文化资源,包括传统艺术、乡土文化、民俗习惯等,品牌建设应注重保护和传承这些文化遗产,通过建设文化馆、举办文化活动、培训传统工艺等方式,将中华优秀传统文化融入当代生活,增强乡村的文化厚重感,提升农民的自豪感和归属感。

2. 文化创新与创意产业融合

乡村振兴品牌建设应鼓励支持农民和当地居民参与创意产业,如文创产品开发、乡村旅游设计、手工艺制作等,创造更多就业机会,提高乡村居民的收入水平。

3. 文化教育与培训

为了促进文化传承和创新,乡村振兴品牌建设应注重教育和培训,建设乡村文化教育中心,开设传统文化教育课程,培养年轻一代对乡村文化的兴趣和认同感。此外,应提供专业技能培训,如文化艺术、设计等,提升乡村居民发展创意产业的能力和提供其发展创意产业的机会。

4. 融合当代元素与乡村文化

在品牌建设中,可以探索将传统和现代元素相结合,为乡村注入新的活力和魅力。例如,结合数字技术、互联网等现代科技,创新开展乡村电商、智慧农业等项目,提高农村生活的便利性和品质。同时,也要保持对乡村传统文化的尊重,避免过度商业化和造成文化碎片化。

5. 文化旅游与乡村互动体验

发展文化旅游是将文化传承与持续发展结合起来的重要途径,特色乡村旅游项目能够为游客提供与乡村居民互动的机会,让游客了解和参与乡村的传统文化活动、手工艺制作等,促进文化的可持续传承与创新。

(四)品牌管理可持续

可持续型品牌需要在品牌管理上下功夫,保持稳扎稳打、长线发展。有效的品牌管理可以确保品牌形象的一致性和品牌价值的传达,从而增强消费者对乡村品牌的忠诚度和认可度。

1.产品服务管理

品牌应积极关注市场和消费者需求的变化,不断研发和推出符合市场需求的新产品,提高产品的品质、功能和设计,提供差异化服务,满足消费者的个性化需求。例如,农产品生产者可以探索绿色、有机农业的种植和养殖技术,以及创新的加工和包装方法。

2.品牌形象管理

形象管理与口碑维护是品牌的头等大事,应通过产品质量控制、服务优化以及对消费者反馈的及时回应等,确保乡村品牌的良好声誉和品质印象,提升品牌的信誉度与忠诚度。

3.品牌标准管理

乡村品牌的标准与认证体系,可以提高品牌的信誉和竞争力,不同品牌也可以共同制定品牌标准,确保产品质量和服务水平的一致性。同时,认证机构可以提供品牌认证和评估服务,为乡村品牌提供权威认证,增强消费者的信心和忠诚度。

4.人才管理可持续

乡村品牌应积极发掘当地人才,如传承人、艺术家、手工艺人等,将他们的技艺和创意融入乡村品牌,充分发挥人才价值,保证人才储备充足,为品牌的长期持续发展作贡献。

第二节
乡村振兴品牌建设的现代化策略

乡村振兴品牌建设不是纸上谈兵,需要脚踏实地、稳步向前,走中国式现代化品牌建设之路,完成中国式现代化的乡村振兴,打造全国知名的乡村品牌,走出乡村、走向世界。

一、品牌创新与差异化策略

如今的品牌竞争很难避开同质化趋势,其原因可以归结为企业在产品设计与开发时普遍以行业整体标准为导向,并且几乎遵循一致的产品升级和进化方向,导致竞争群聚效应和加法升级趋势,使企业和产品之间的差异越来越小,最终趋同。当企业以行业整体标准作为自身产品的衡量指标时,这些标准会限制企业的个性化发展,使竞争者围绕这些共性标准展开竞争,而不是选择另辟蹊径。这些行业普遍化的标准导致了竞争群聚和品牌相似化的结果。另一方面,企业为了在激烈的市场竞争中保持竞争力,会进行产品升级和发展。然而,由于市场竞争的加剧,企业往往以加法升级的方式来增加产品的功能和特性。这种加法升级导致产品的功能越来越多,但在消费者眼中,产品之间的差异也变得越来越小,甚至出现了功能过剩或无用功能的现象。品牌竞争同质化导致企业和产品之间的差异越来越小,要打破同质化,企业需要寻找差异化的竞争点并注重创新,以满足消费者的多样化需求,并且敢于直面失败。因此,在乡村振兴品牌建设中,品牌创新和差异化策略是非常重要的,可以帮助乡村地区树立独特的形象和价值,从而吸引更多的游客、投资和资源。

(一)细分市场定位

细分市场定位(STP)是一种基于市场细分、目标市场选择和定位的策略方法,旨在帮助企业明确自己的目标受众群体,并且通过针对该群体的差异化策略来塑造品牌的独特性和差异化竞争优势。在进行细分市场定位时,企业首先需要对市场进行细分,根据消费者的差异化需求和特征将市场划分为较小的子市场,可以通过市场研究、调查和数据分析等方法来了解不同消费者群体的特点,包括他们的喜好、需求、偏好等。在细分市场的基础上,企业需要选择适合自身战略和产品情况的目标市场。这意味着企业需要审视各个子市场的规模、发展前景、竞争程度等因素,并确定最具潜力和适合自身定位的目标市场。选择目标市场时,企业需要考虑自身的资源和能力,并确保目标市场的特点与企业的产品或服务相匹配。在确定目标市场后,企业需要在目标消费者心中建立区隔化的定位,并创造难以取代的价值。这可以通过有效的品牌定位、差异化的产品、独特的品牌形象和声誉等手段来实现。企业需要了解目标市场的需求和偏好,并提供与竞争对手不同或更好的产品、服务和体验,以吸引目标消费者并建立与他们的连接和认同感。细分市场定位的目的是让企业能够在特定领域或特定消费者群体中有所专注,并通过满足其独特需求的产品和服务来建立竞争优势。这有助于避免企业陷入与整体市场的激烈竞争中,而更专注于在市场细分中找到成功的机会。举例来说,哔哩哔哩视频网站通过将目标市场锁定为"Z世代"和关注"泛ACG文化"的视频内容的消费者,成功建立了与其他视频平台的差异化竞争优势,并且通过会员答题制度筛选出热衷二次元文化的用户,进一步增强了用户的归属感和黏性,维护了社区团结。这种定位和差异化策略使得哔哩哔哩视频网站在目标市场中取得了成功,并形成了强大的用户社区和独特的品牌形象。细分市场定位策略可以帮助乡村品牌明确目标受众群体,并通过差异化策略来塑造品牌的独特性和竞争优势。这需要乡村品牌深入了解目标市场的需求和特点,并通过提供与竞争对手不同或更好的产品、服务和体验来满足目标消费者的需求,从而实现市场的细分和品牌的差异化定位。

(二)强化品牌卖点

独特销售主张(Unique Selling Proposition,USP)是商业营销中的一个重要概念,指的是产品、服务或品牌在市场竞争中独特的销售主张或卖点,由美国人罗瑟·瑞夫斯在20世纪50年代首次提出。独特销售主张提供了一种支撑框架,其核心理念是,产品或品牌必须能够传达出独特的价值和好处,以吸引消费者的注意力。为了实现这一目标,独特销售主张提出了三个关键要素:利益性承诺、独有性和力量性。利益性承诺是指企业需要明确强调其产品或服务能够提供具体的功能和实际的利益给消费者,包括产品的特殊功能、解决问题的能力、提供新颖体验等。通过强调这些利益,企业可以吸引消费者并建立品牌认知。独有性是指利益性承诺最好是竞争对手无法提供或没有提供的,这意味着企业需要找到并突显自己在市场上与众不同的特色和优势,比如与竞争对手相比的更高的品质、独特的设计、独特的定位等。力量性指的是独特销售主张需要真正打动消费者,让他们对产品或品牌产生共鸣。这需要营销和广告中传达出的信息能够引起消费者的情感共鸣,使他们感受到产品或品牌所代表的核心价值。例如,金龙鱼广告强调平衡营养更健康,这一利益性承诺能够击中人们对健康的关注点,从而产生共鸣。相比之下,如果广告强调油的色泽,虽然也具有独特性,但可能不会激发人们的共鸣,因为这并不是消费者购买该产品时考虑的关键因素。

随着时间的推移,独特销售主张理论在品牌营销中的应用范围逐渐从单一产品向整个品牌延伸,在独特销售主张理论发展的三个阶段中,利益性承诺从最初的功能性特征逐渐演变为包括情感诉求和价值承诺在内的更广泛范围,这一演变反映了消费者对产品或品牌的期望和需求的改变。在功能性特征阶段,企业会强调产品的技术优势、功能性能或者其他与产品本身有关的特点。这种营销模式适用于产品竞争激烈且消费者对功能性特征敏感的行业,如科技产品或家电。在情感诉求阶段,品牌通过与消费者产生情感共鸣来吸引他们购买产品或建立对品牌的忠诚度,情感诉求关注消费者的情感需求、生活方式、情感体验等,旨在使品牌的价值观与消费者建立情感连接。这种营销模式通常在消费品行业、奢侈品行业等领域广泛应用,因为购买行为常常受到情感因素的驱动。在价值承诺阶段,消费者对品牌的期望超出了产品本身或自身的情感体验,更加强调品牌在社会、环境、可持续发展等方面的责任和影响力,比如可持续性倡导、社会公益活动、环保倡议等,旨在使消费者相信购买该品牌的产品或服务可以对社会产生积极影响。需要注意的是,这三个分类并没有严格的好坏之分,而是根据品牌发展和所属行业的情况而有所侧重。不同阶段和不同行业的品牌可能会在这些分类中更加注重某一方面。对于乡村振兴品牌来说,了解自己所处的品牌发展阶段和目标受众的需求,能够更好地应用适合的独特销售主张策略,实现品牌营销的最佳效果。

(三)逆向减法战略

品牌逆向减法战略的核心思想是通过减少某些元素的含量,以突出品牌的特点,并与其他品牌区别开来。逆向减法战略品牌选择有意减少的元素通常是行业标准以下的,而增加的元素则超过了行业标准,这种战略的目的是满足消费者对简化、个性化的与众不同的需求。

1. 减少冗余服务

逆向战略品牌通过降低冗余服务的水平来简化消费者的选择,他们认为一些过量的服务并不是消费者真正需要的,因此选择提供更加简化和专注的服务体验,在去除不必要的服务之后,品牌可以更好地突出其核心优势和独特价值。

2. 简化产品线

逆向战略品牌通常减少产品线的数量,而非一味扩大。他们选择关注于核心产品或服务,使消费者更容易作出决策,简化产品线还可以降低生产和管理的成本,提高品牌的专注度和效率。

3. 强调个性化和定制化

逆向战略品牌可能会提供更多个性化和定制化的选择,以满足消费者独特的需求和偏好,甚至让消费者参与产品的定制过程,与品牌建立更为紧密的关系,并创造出与众不同的产品或服务。

4.提供独特的附加价值

逆向战略品牌在减少产品线数量的同时,会通过增加其他吸引人的附加服务或体验来吸引消费者,这些附加价值可能与主业不相关,但能提供额外的便利、乐趣或独特体验,使品牌更加引人注目。关于哪些元素的含量应该被减少到行业标准以下,以及哪些元素的含量应该被增加到行业标准以上,这取决于品牌的定位、目标受众和市场需求。品牌需要深入了解消费者的偏好和需求,同时密切关注行业趋势和竞争对手的策略。通过合理的市场调研和分析,品牌可以确定适合自身的逆向战略,并有效地开拓市场。

(四)品牌文化创新

品牌文化创新是一种品牌塑造策略,通过创新的文化表述,让品牌在市场竞争中脱颖而出。这种策略适用于历史或社会结构发生重大变革的时期,特定的变革会导致传统文化意义的重塑,而消费者会在这样的变革中寻求新的替代选择,于是品牌可以在识别文化断层的前提下提出一种新的商品意识形态,从而在众多同质化品牌中脱颖而出。一个成功的例子是耐克(Nike)。在早期发展阶段,耐克依靠专业运动员的代言以及产品功能性来推销跑鞋,并取得了一定的成功。然而,当它试图进军大众消费市场时,发现这种推销策略并不奏效。因为消费者除了专业运动员之外,并不太重视产品的性能。此外,耐克的产品与竞争对手的产品在外观和性能上的差异微乎其微,同质化问题非常严重。因此,耐克需要一种新的营销策略,以激发非职业运动员的群体共鸣,并使其产品性能变得对他们有意义。20世纪70年代,美国经历了经济滞胀,曾经创造了亿万美国梦机会的社会契约开始瓦解,这导致许多美国人开始寻求新的社会精神来追求他们的美国梦。在这个时刻,耐克广告通过赞美一个竞赛运动员单调的训练生活,传递出了一种新的精神,即个人拼搏精神。这种精神激发了消费者的共鸣,因为他们正在寻找新的心理支持来追求他们的美国梦。耐克成功地将这种文化表述与其他竞争品牌如阿迪达斯(Adidas)、匡威(Converse)区分开来。耐克在那个似乎无法实现美国梦的历史时刻,为美国人甚至全球提供了鼓舞人心的指导,因此成为20世纪最有影响力的新品牌之一。通过文化创新,乡村振兴品牌可以塑造出独特的品牌文化,将个体需求与时代精神相结合,并与消费者建立深层次的情感联系。这种策略最重要的是讲故事,用一个生动、有趣、美好的故事为品牌塑身,使品牌在市场中脱颖而出,赢得消费者的忠诚和认可。

二、市场营销与信息化策略

在乡村振兴品牌建设中,市场营销与信息化策略是至关重要的一环。品牌信息化是满足市场发展需求并适应品牌战略创新趋势的产物,通过有效融入信息化手段,品牌能够更深入地传递品牌价值,使其文化和理念得到不断诠释和延伸。品牌信息化利用数字化的广告传播和信息化网络为品牌建立了更广泛的曝光渠道和交流平台。企业可以通过互联网、社交媒体、移动应用等先进的信息技术手段,将品牌信息传递给目标消费者,同时与消费者进行互动和沟通,使品牌更加贴近消费者,建立起更深入的情感连接,促进消费者对品牌的认知和忠诚度。通过多媒体的信息表达方式,品牌能够传递更丰富的信息和更具体的品牌形象,进一步增强消费者对品牌的认同感和好感度。品牌的文化和理念也可以通过互联网等渠道进行持续宣传和推广,使消费者对品牌的核心价值有更深入的理解,从而增强品牌的影响力和提升品牌内涵。此外,品牌信息化也为企业提供了更准确的市场反馈和消费者洞察,在数字化媒体的分析工具和数据收集方法下,企业能够更全面地了解消费者的偏好和需求,从而调整品牌策略和产品定位,提供更符合市场需求的产品和服务。

(一)市场信息调研

乡村振兴品牌在开创之前应进行全面的市场调研,了解目标客户的需求偏好、目标市场的竞争情况和潜在机会,根据调研结果明确品牌的定位和目标市场,确保品牌形象与目标群体相吻合。对市场信息进行调研,首先,应对目标市场进行分析,确定乡村品牌的主要目标与次要目标,包括消费者的特征、需求和购买力等,以此作为制定营销策略的基础。其次,进行竞争分析,分析同行业竞争对手的优势、定位和市场份额,了解对方产品或服务的差异化和市场定位策略,以此找到乡村品牌的竞争空间和优势,并避开同质化部分。最后,进行潜在机会分析,探索乡村振兴中尚未被发掘的市场机会和趋势,包括潜在消费者的变化、政策支持、旅游需求等,助力发现适合乡村品牌发展的新产品或服务。在定位目标客户群体、确定差异化竞争策略之后,品牌应利用互联网和社交媒体平台进行宣传和推广,建立乡村品牌的在线形象,吸引目标客户群体的关注和参与。同时,利用大数据技术和分析工具,深入了解消费者行为和偏好,调整营销策略和产品定位,实现数据驱动的营销决策。

(二)线上信息展示

随着互联网的普及和发展,线上展示平台成为必不可少的品牌营销载体。线上展示平台,可以将乡村振兴品牌的形象、产品、服务等信息展示给更广泛的受众,提升品牌的知名度和影响力。线上展示平台可以选择多种方式,如品牌网站、社交媒体平台、在线商城等。品牌网站设计应该符合品牌的形象,包括品牌标识、颜色、字体等元素,网站呈现的内容应包括品牌的介绍、产品信息、服务特点、乡村文化、旅游景点等,以便让访问者全面了解品牌。社交媒体平台可以便捷有效地扩大品牌的曝光度和传播力,比如创建品牌的官方账号,定期发布品牌的有关动态、产品信息、特别活动等内容。在线商城也是必要的,可以方便消费者直接购买产品或服务,也可以提供更加安全的支付系统和方便的物流配送,确保顾客的购物体验顺畅并伴随良好的售后服务。线上展示平台离不开视频和图像内容展示,比如制作品牌宣传视频、产品演示视频等,因此更需要摄影人才与视频剪辑人才。品牌也可以优化搜索引擎,通过优化网站的内容和结构,增加乡村振兴品牌在搜索结果中的曝光度,比如关键词研究和使用、网站页面优化、建立高质量的外部链接等,都是提升搜索效果的关键因素。借助分析工具和用户反馈,品牌可以收集数据并监测线上展示平台的表现,分析网站访问量、用户行为、转化率等指标,根据数据结果调整和优化展示内容与关注用户体验,以使线上展示平台更加符合用户需求。

(三)社媒信息交流

品牌应利用各类社交媒体平台,如微博、微信、抖音等,注册社交媒体账号,发布吸引人的内容,增加品牌曝光度,并与粉丝进行互动。

1.分析目标受众

在选择使用哪些社交媒体平台时,首先需要分析和确定目标受众的特征和偏好。不同社交媒体平台的用户群体和使用方式存在差异,因此需要选择与目标受众人群最匹配的平台。

2.打造品牌人设

社交媒体提供了展示品牌声誉和形象的平台,可以发布有价值的内容、分享专业的观点、参与社交媒体上的行业讨论,树立品牌的专业形象,并赢得受众的信任和关注。

3.定期发布内容

保持社交媒体活跃度是关键。定期发布有关品牌的内容,如宣传活动、产品更新、行业趋势等,内容可以是文字、图片、视频、用户故事等形式,不断吸引关注和引发用户参与,增加品牌吸引力和互动性。

4.与受众互动

社交媒体的特点之一是与受众进行实时互动,回复评论、私信回复、参与讨论、开展问答活动等,与受众建立更紧密的联系,提高品牌与受众之间的互动和受众的参与度。在互动之后,品牌应定期监测社交媒体上的反馈和意见,并及时进行回应。

5.利用社交广告

社交媒体平台提供了广告投放的机会,可以有针对性地将品牌广告展示给特定受众,精准的定位、选取适当的广告格式和内容,可以提高广告的点击率和转化率,增强品牌宣传效果。

6.信息优化

利用社交媒体分析工具,品牌可对用户参与率、转化率、用户洞察等关键指标进行分析,充分了解品牌在社交媒体上的表现和效果,并根据数据结果调整和优化品牌的社交媒体策略,以提升市场营销效果和品牌建设效果。

(四)企业信息管理

信息化建设是指企业利用现代信息技术来支撑品牌管理的手段和过程,

以建立一个完善的信息化系统，提高企业的管理效率、降低成本、改善服务质量，从而实现企业的可持续发展和提高市场竞争力。随着计算机技术、网络技术和通信技术的不断进步与应用，企业信息化已经成为现代企业发展的重要保障，包括企业在电话通信、网站建设、电子商务等方面的投入情况，以及在客户资源管理、质量管理体系等方面的建设成就。在品牌生产、销售、服务等各环节中，信息化建设发挥着核心支撑平台的作用。在生产环节，通过信息化建设，企业可以实现生产流程自动化和智能化，提高生产效率和产品质量；在销售环节，通过信息化建设，企业可以实现订单管理、库存管理、销售预测等功能，提高销售效率和客户满意度；在服务环节，通过信息化建设，企业可以实现客户服务的系统化和个性化，提高服务质量和客户忠诚度。随着信息技术在企业应用中的不断深入，信息化建设的重要性也越来越凸显。未来，许多企业甚至可能只依靠信息化建设来实现生存和发展，因为信息化建设可以帮助企业快速适应市场变化，提升竞争力，同时还可以为企业创造新的商业模式和机会。信息化建设是现代企业发展不可或缺的一部分，能够为品牌提供强有力的支持和竞争优势，使企业能够在快速变化的市场环境中保持竞争力和实现可持续发展。

在信息技术快速发展和网络经济时代下，企业管理逐渐转向信息化，并侧重于企业资源规划（ERP）、客户关系管理（CRM）和供应链管理（SCM）这三种现代企业管理思想和模式。企业资源规划是一种智能化的管理系统，它通过整合企业的各个部门和功能，实现全公司内业务信息的共享和协调规划。从客户下订单到采购、生产、销售等环节，企业资源规划系统能够协调各项活动，实现物料、财务、人力和信息资源的一体化管理。客户关系管理以客户为核心，利用信息技术来维护和促进客户与企业之间的良好合作关系。通过客户关系管理系统，企业可以记录和跟踪客户基本数据、订单流程，进行市场划分和趋势分析，逐步实现业务流程的自动化。其目标是提升企业竞争力，挖掘新的合作关系，实现销售收入持续的增长。供应链管理着重于整个供应链和供应网络的优化。企业通过应用现代软件技术，能够实时了解供应链上的信息，并与客户、合作伙伴进行协同活动。供应链管理旨在外包非核心工作、降低成本，通过整合供应链实现企业成长和增进股东权益。以上三种现代企业管理思想和模式都是基于世界经济发展和信息技术的进步而不断演变和发展的。它们对企业提高竞争力、降低成本、优化资源配置等都具有重要作用。通过信息化建设,企业可以更加高效地运营和管理,提供更好的服务,迅速应对市场变化,并创造新的商业机会。

(五)精准信息营销

利用现代信息技术进行数据分析,品牌可以深入了解客户的需求和消费行为,进行精准营销,制定个性化的推广策略,提高营销效果和品牌关注度。

1.数据收集与分析

品牌通过使用各种工具和技术,如网站分析工具、调查问卷、社会媒体监测等,收集和整理有关消费者与市场的数据,然后利用数据分析技术和工具进行数据挖掘与分析,了解消费者的行为模式、喜好偏好、购买决策路径等,为品牌建设和市场营销决策提供依据,并挖掘潜在的洞察和趋势。

2.用户画像构建

基于数据分析结果,品牌可以初步建立目标消费者的用户画像,对目标消费者的特征、兴趣、需求、购买能力等进行描述,以此更好地对不同群体的消费者进行分析和定位,以实施精准营销策略。

3.个性化推荐

品牌利用数据分析结果,为消费者提供个性化的推荐和定制化的购买体验。了解消费者的兴趣和购买历史,可以向其推荐相关的产品或服务,提高购买的便利性和准确性。

4.定向广告投放

品牌在数据结果分析之后,可以精确定位目标受众,并在相应的渠道进行定向广告投放,将广告精准地展示给目标受众,提高广告的点击率和转化率。

三、消费联盟与互动式策略

互动消费成为适应当今消费者需求和传播环境的关键策略,品牌需要通过双向互动与消费者建立良好的关系,促进裂变传播并有效地影响消费者的行为。互联网时代,普通用户拥有了更多的话语权和影响力,例如淘宝的评价体系、小红书的种草清单、抖音的营销以及微博的推荐等方式,让用户不再是被动接受广告和盲目消费的对象,而是积极参与品牌舆论和发展的影响者。消费者从幕后走到台前,品牌营销不能再停留在单向沟通的思维定式中。双向互动模式让用户成为品牌的代言人,催生了今天最有价值的裂变营销。抖音上的挑战赛、微信朋友圈广告的评论区之类的社交元素、小红书和淘宝上的素人好物直播等都证明了互动参与的有效性,且能发现用户对品牌的真实感受。这表明,如今已经进入了"消费互动"的营销时代,互动营销的关键在于满足信息过剩环境下的话语权的转移。在信息过剩的环境中,仅仅只有产品曝光已经不足以捕获用户的注意力,需要用户更高的投入和参与度,互动参与不仅能吸引用户的注意力,还可以验证用户对品牌的真实印象。与此同时,用户希望参与而不是被动地被触达,用户已经具有表达自己的意愿与能力,因此品牌需要提供互动平台与用户进行互动,而不仅仅是单向传递信息,这种传播话语权的转移促使品牌与消费者形成交互关系。互动营销不仅要求品牌具备更高的要求,而且需要通过产品手段来降低参与门槛,使用户能参与并真实地表达对品牌的感受。

(一)消费联盟

消费联盟是指不同品牌、企业或组织之间的合作形式,旨在共同推广、营销产品或服务。在乡村振兴品牌建设中,可以通过联合营销、组织联合活动、共享资源等方式建立消费联盟,使不同的乡村品牌、农产品生产者、乡村旅游景点等合作起来,共同开展市场推广活动、提高品牌知名度、扩大市场份额,实现协同共赢效果。

1. 建立品牌联盟

乡村振兴品牌可以与相关的乡村产业、旅游景区或其他品牌建立联盟关系,形成品牌联盟,共同策划营销活动、合作开展宣传推广、共享客户资源等,以提升乡村品牌的知名度和市场份额。

2.互补资源共享

不同乡村振兴品牌之间可以通过消费联盟共享资源,提供互补的产品或服务。品牌通过资源共享,可以优化产品结构,满足消费者多样化的需求,提高消费者的购买意愿和忠诚度。

3.联合营销活动

乡村振兴品牌可以联合举办各种营销活动,如联合促销、合作推广、联合举办活动等,以增加品牌曝光度,扩大品牌影响力,吸引更多消费者的关注和参与。

4.互相引流和引客

通过消费联盟,品牌可以相互引流和引客。例如,一个品牌可以引导自己的客户去关注和体验其他品牌的产品或服务,同时也可以吸引其他品牌的客户来体验自己的产品或服务,以期带来更多的消费机会和潜在客户。

5.数据共享合作

共享数据可以帮助品牌更好地了解消费者的需求和行为,并进行精准营销和个性化服务。

(二)线上参与

互动式策略是品牌通过互联网媒体与消费者之间进行互动和引导消费者参与,增强品牌与消费者之间的联系和黏性,提高品牌吸引力与影响力,形成品牌领袖。

1.新媒体传播

新媒体的突出特点之一是互动性强,品牌通过互联网和社交媒体等平台,使品牌与消费者之间实现实时互动,这种双向的实时互动有助于企业了解市场需求和顾客反馈,从而更好地调整营销策略和作出正确的决策。新媒体营销方式的互动性还为企业提供了低成本传播平台,企业只需花费一小部分成本进行网站维护和信息发布即可。此外,如果企业的宣传内容具有创意和时代教育意义,并且能够吸引网友并得到网友的认可,那么网友就会自愿转发这些内容,起到免费宣传的作用。

2.活动互动共创

社交媒体平台提供了丰富的互动方式,品牌可以组织各种互动活动来吸引消费者的参与,例如发布抽奖活动、调查问卷、PK赛等,鼓励消费者积极参与,增强品牌与消费者的互动和沟通。此外,还可以与消费者进行在线问答、互动讨论等,解答他们的疑问,增加品牌的亲和力和信任度。

3.用户生成内容

通过社交媒体平台,品牌可以鼓励用户生成与乡村振兴相关的内容,例如分享自己在乡村的体验、照片、视频等;品牌也可以设立相关的话题标签或挑战,激发用户的创作热情,并选择优秀的 UGC(用户生成内容)进行展示和宣传。这不仅可以增加用户的参与度和互动性,还可以扩大品牌在社交媒体上的曝光度和传播范围。

4.与影响者合作营销

品牌可以与有影响力的社交媒体主播、博主或影响者合作,在产品试用、直播带货等方面,借助其粉丝基础和影响力将品牌理念和产品信息传递给更多的潜在消费者,帮助品牌扩大影响力和覆盖范围。

5.虚拟与实体互动融合

随着技术的不断发展,虚拟与实体的互动也成为乡村振兴品牌在互动式策略中的重要方式。通过虚拟技术,如增强现实、虚拟现实等,品牌可以打造与消费者互动的虚拟体验,进一步增强品牌的趣味性和吸引力。

(三)线下活动

线下活动是乡村振兴品牌建设中消费联盟与互动式策略的重要组成部分。通过组织各种乡村文化活动、节庆活动、农产品展销会等,品牌可以与消费者面对面交流,进一步增强品牌的认知度和影响力。

1.主题活动

品牌可以选择与乡村振兴相关的主题,如农耕体验、手工艺制作、乡村美食、健康生活等,组织各种主题活动,比如工作坊、讲座、展览、产品展示和销售等,旨在让消费者通过亲身参与和体验,更好地了解品牌理念和产品特色。

2.农民市集

农民市集是一种高效的活动方式,能够将乡村振兴品牌与当地农产品和农民直接联系起来,让消费者更直观地认知品牌产品与服务。品牌可以提供场地和支持,邀请当地农民和农产品生产者参加市集,销售他们的产品,并与消费者进行面对面的交流,这不仅能增加品牌的曝光度,还可以促进当地农产品的销售。

3.乡村文化节

通过举办文艺演出、传统民俗活动、手工艺品展示、乡村体育竞赛等活动,品牌可以展示当地的文化特色和乡村风貌,吸引更多的游客和消费者参与,加强品牌的影响力和形象。

4.游戏互动

在线下活动中,品牌可以提供消费者互动的体验,例如组织互动游戏、参观品牌生产基地、举办品牌知识竞赛等,让消费者参与其中,增加他们与品牌的互动和连接,这些互动体验可以增加消费者对品牌的好奇心和忠诚度,促使他们更加积极地支持乡村振兴品牌。

(四)客户服务

品牌建设不仅仅是通过宣传推广来吸引客户,更重要的是提供顾客满意的产品和服务,以优质的客户服务推动优质的口碑传播,吸引更多的客户。

1.个性化服务

利用信息化技术和数据分析,品牌可以了解客户的个性化需求和偏好,并根据客户的不同需求提供定制化的产品和服务。通过个性化服务,品牌可以更好地满足客户的期望,增强客户的满意度和忠诚度,使消费者获得一对一的高端专属服务感。

2.多渠道沟通

在信息化时代,品牌应利用多种渠道与客户进行沟通和互动,包括电话、电子邮件、社交媒体等,多渠道的沟通机制意味着品牌可以及时回应客户的需求和问题,为客户提供便捷的服务。

3.客户关系管理

品牌应利用客户关系管理系统,记录客户的购买记录、偏好、投诉等信息,为客户提供更个性化、精准和高效的服务,管理和跟踪与客户的互动和交易,给予客户无微不至的关怀。

4.强化售后服务

优质客户服务不仅包括销售过程中的服务,也包括售后服务。品牌应建立完善的售后服务机制,提供及时的售后支持、产品保修和投诉处理等服务,保证客户在使用产品或享受服务过程中得到持续的满意度和支持。

5.关注客户反馈和评价

品牌应积极关注客户的反馈和评价,包括意见、建议、投诉等,不能视而不见,应该及时回应并解决问题,以此增加客户对品牌的信任和满意度,不断改进与优化产品和服务。

6.客户教育与沟通

品牌应通过信息化渠道和工具,向客户提供有关产品、乡村振兴、农产品、乡村旅游等方面的信息,保证信息传递的即时性与有效性,为客户决策提供信息支持。

(五)亲身体验

乡村振兴品牌建设要回归乡村建设,通过品牌振兴带动乡村振兴,因此品牌建设的重点之一在于吸引消费者来到乡村、体验乡村、留在乡村。乡村振兴品牌应为消费者提供丰富多样的参与式体验,如农场采摘体验、农产品加工体验、乡村旅游体验等,让消费者身临其境地感受乡村生活和品牌的独特魅力,带动旅游产业的发展,延伸乡村振兴品牌产业链。

1.乡村旅游体验

乡村振兴品牌应通过提供丰富多样的乡村旅游体验吸引消费者的参与,例如组织乡村旅游活动、乡村民宿体验、农耕文化体验等,让消费者亲身体验乡村的风土人情和特色文化,使品牌以赞助的形式潜移默化地进入消费者心中。

2.农产品品鉴

乡村振兴品牌应组织农产品品鉴会或农产品互动活动,让消费者亲自参与农产品的采摘、加工或品尝过程,全步骤体验农产品生产过程。这样的活动不仅可以增加消费者对农产品的了解和认知,还能够增强他们对品牌的信任和偏好,而且可以在互动中收集消费者的意见和反馈,不断改进和优化产品。

3.农业科技体验

科技是现代化的标志,乡村振兴品牌应与农业科技机构合作,为消费者提供农业科技体验的机会,利用农业科技展览、工作坊等示范活动,让消费者亲身体验新型农业科技,了解现代农业的发展趋势和创新成果。

4.乡村文化参与

文化建设是乡村振兴品牌的重点,传统节日、手工艺展示、非遗保护等活动是乡村的招牌特色,必须加以传承与弘扬,在乡村文化互动中,可以激发消费者对乡村文化的兴趣和关注。在亲身体验策略中,最重要的是保证体验的真实性与个性化,防止同类化与虚假化体验,让消费者真正感受到品牌的诚意与用心,以此强化品牌的正面形象。

四、法律保障与产权化策略

法律保障与产权化策略是乡村振兴品牌建设中的另一项重要的现代化策略。法律保障与产权化策略的实施可以为乡村振兴品牌建设提供重要的现代化支持,为乡村品牌提供稳定的发展环境,促进品牌建设的规范化和可持续发展。同时,产权化的品牌运营可以保护乡村品牌的知识产权和商标权益,提高品牌的市场价值和竞争力,吸引更多的资源和合作伙伴参与乡村品牌建设,推动乡村经济的发展。

(一)法律化保障

乡村品牌建设需要健全的法律法规,保障品牌发展的合法性、稳定性和可持续性。比如制定乡村产业发展政策,明确品牌建设的政策导向和支持措施;设立乡村品牌保护的法律法规,保护乡村品牌的知识产权和商标权益;建立知识产权保护机制,打击侵权行为,维护乡村品牌的合法权益等。法律保障可以提升乡村品牌的信誉度和市场形象,吸引更多的投资和合作伙伴参与乡村品牌建设。

1. 知识产权保护

乡村振兴品牌的发展离不开知识产权的保护,品牌的商标、专利、著作权等排他性权益应获得重视,防止他人侵权和假冒,保护品牌免受恶意竞争和损害。品牌所有人应通过合法的方式注册和维护自己的知识产权,确保其在市场中的独特性和竞争力,并在受到他人侵权时积极行使法定权利,弥补损失。

2. 民法典保护

民法典中的合同编规定了合同的订立、履行和解决争议的规则,能够保障品牌与供应商、合作伙伴之间交易关系的合法性和稳定性。合同的签订能够明确品牌交易双方的权益和责任,提高交易的安全性和可靠度。

3. 消费者权益保护

乡村振兴品牌的成功与消费者的认可和支持密不可分,健全的消费者权益保护法律体系能够保障消费者的合法权益,对虚假宣传、欺诈销售等不法行为进行打击,保护消费者的正当权益,增强消费者信心,促进品牌的发展和口碑的提升。

4. 地方政策和支持

乡村振兴品牌建设离不开地方政府的政策支持,比如土地使用权、税收优惠、财政资金支持等政策能够为乡村品牌的发展提供稳定的环境和资源保障,保障中小企业平稳度过成长阶段。在乡村振兴品牌建设中,依法经营和合规发展是确保品牌长期发展的重要基础,健全的法律保障机制和合规管理可以为品牌打造一个稳定、公平、有序的发展环境,增强其市场竞争力和可持续发展能力。

（二）人才化培养

2021年2月，中共中央办公厅、国务院办公厅印发的《关于加快推进乡村人才振兴的意见》提出，乡村振兴，关键在人。乡村振兴也是人才振兴，乡村振兴品牌建设也是人才建设。乡村振兴品牌建设需要培养一支具备专业知识和技能的人才队伍。这些人才应该具备农业、农村经济、乡村旅游等领域的专业知识，了解乡村振兴政策和趋势，并具备市场推广、品牌运营、营销策划等相关能力。

1. 专业培训和教育

专业培训对于品牌扩大人才储备而言是必要的一步。乡村振兴品牌可以与相关教育机构合作，开设专业培训和教育课程，比如农业技术、农村经营管理、农产品营销等，提升从业人员的专业素养和技能水平，强化人才的专业知识和实践能力，为品牌的发展提供有力支持。

2. 实践经验交流

实践出真知，从业人员之间的经验交流活动能够在互动与分享中推动实践技能的提升。比如参观考察其他成功的乡村振兴品牌，参与农村项目合作，甚至是与农民直接合作，实地了解他们的需求和挑战，实现多方共赢。

3. 导师带教制度

乡村振兴品牌可以建立导师制度，让经验丰富的从业人员指导和辅导新人，以老带新，促进从业人员水平的整体提升。导师可以分享自己的经验和知识，帮助新人更好地适应工作和发展，这种师徒关系可以有效地传承经验和培养人才，激励新人的成长和创新。

4. 多元化人才招聘

乡村振兴品牌应该采取多元化的人才招聘策略，从农业科技、市场营销、设计创新等不同专业方向招聘人才，吸引不同领域的专业人才加入，为品牌注入新鲜思维和专业能力，培养出一支专业化、年轻化、活力化的品牌团队。

5. 开展社会合作

乡村振兴品牌可以与高校、科研机构、专业协会等机构建立合作关系，共同开展人才培养项目。一方面,社会机构可以为品牌提供实地实训、科研合作、专业咨询等支持,为人才培养提供更多的资源和机会;另一方面,品牌可以为社会机构提供广泛的就业渠道与科技成果转化方式,实现品牌的专业化发展。在实施人才培养与专业化策略时,乡村振兴品牌应注重培养人才的综合素质和创新能力,鼓励员工学习与进步;同时,要建立激励机制,激发人才的积极性和创造力,使他们能够为品牌的发展贡献更多的价值。

(三)专业化管理

在乡村品牌建设过程中,专业化管理是提高品牌竞争力和市场认可度的关键。对品牌定位、产品设计、生产流程等方面进行专业化管理,可以提升品牌的品质和差异化竞争优势。专业化管理还包括建立专业团队,吸纳专业人才从事品牌营销、媒体宣传、市场推广等工作,提升品牌的专业形象和市场声誉。

1. 专业岗位设置与分工

乡村振兴品牌应根据自身发展需要,明确各个岗位的职责和任务,以合理的分工使从业人员更专注于自己的领域,提高工作效率和质量。

2. 专业人才引进

乡村振兴品牌可以积极引进具有相关专业背景和经验的人才,例如农业专家、营销专家、设计师等,并且注重内部员工的培养和发展,提供必要的培训和学习机会,提升他们的专业素养和能力。

3. 专业知识和技能培训

乡村振兴品牌可以定期组织专业知识和技能培训,包括农业技术、品牌营销、创新设计等,帮助员工不断学习和更新知识,保持专业上的领先优势。

4. 专业咨询指导

乡村振兴品牌可以寻求专业咨询和指导,从行业专家或顾问处获取专业的建议和指导,以此帮助品牌更好地了解市场需求、制定发展战略,在专业领域上前行得更快。

5.专业团队文化建立

乡村振兴品牌需要建立专业化的团队文化,强调专业精神、团队合作和持续学习,培养员工的职业自豪感和归属感,激励他们为品牌的发展作出更多的贡献。专业化策略的实施能够为乡村振兴品牌树立专业形象和竞争优势,更好地满足市场需求、推动品牌的创新发展,并为乡村振兴事业注入更多的活力和动力。

(四)产权化运营

产权化策略是指将乡村资源、产品和品牌转变为具有产权属性的资产,并在法律框架下进行保护和管理,建立产权化的运作机制。产权化策略可以使乡村品牌获得更好的保护和管理,以吸引更多的资本和资源进入乡村品牌建设,提升品牌的交易价值和商业竞争力。产权化策略可以采取多种形式,例如知识产权的注册和保护,品牌资产的评估和资产化,品牌授权和特许经营合作等。

1.产权确权和登记

产权化策略的第一步是确权和登记乡村资源与品牌的所有权,产权确权和登记的过程是建立品牌所有权的法律基础。这可以通过法律程序和机构进行,确保品牌所有人对其资源和品牌享有合法的所有权,并获得与之相关的权益和利益。

2.分权和激励机制

产权化策略鼓励乡村发展主体参与品牌建设并分享价值收益。通过分权机制,乡村的资源和产品可以转变为分散的产权形式,使更多的参与主体能分享品牌的经济收益。激励机制可以通过奖励、合作、股权等方式,激发乡村发展主体的积极性和创造力。

3.市场化流转和交易

产权化策略促进乡村资源和品牌的市场化流转和交易,通过将资源和品牌的产权明确化,可以为其市场化交易提供依据和保障,有助于推动资源和品牌的高效配置与流动,促进乡村经济的发展。

4.品牌维权机制

产权化策略要求建立健全保护和维权机制,保障品牌资源的产权安全,比如加强知识产权保护、打击侵权行为、建立知识产权仲裁和纠纷解决机制等,以此保护品牌所有者的合法权益,防止资源和品牌被非法侵占和恶意使用。

5.融资和投资渠道

产权化策略可以为乡村振兴品牌建设提供融资和投资渠道。将品牌和资源产权化,使其具备市场价值和抵押价值,可以吸引更多的投资者参与品牌建设,这有助于吸引资金支持和技术支持,推动品牌的现代化发展。通过确权、分权、市场化交易和保护机制,乡村品牌可以更好地整合和利用资源,提高自身竞争力,实现可持续发展。